COLECCIÓN INSPIRACIONAL

Ángeles de la guarda
Ángeles protectores de los niños
Bendiciones para el alma
Bendiciones para el cambio
Consejos de la Biblia para ser feliz
Encuentros con ángeles
Misión plenitud
No temas
Nuevos santos mexicanos
Oración de la serenidad
Oraciones de la Biblia
Oración de San Francisco, La
Oraciones para sanar
Poder curativo de la Biblia, El
Refugio para el alma
Santas y vírgenes
Un momento de paz
Valores eternos de la Biblia
Vidas y oraciones de los santos

COLECCIONES

Ejecutiva
Superación personal
Salud y belleza
Familia
Literatura infantil y juvenil
Con los pelos de punta
Pequeños valientes
¡Que la fuerza te acompañe!
Juegos y acertijos
Manualidades
Cultural
Medicina alternativa
Computación
Didáctica
New age
Esoterismo
Humorismo
Interés general
Compendios de bolsillo
Aura
Cocina
Tecniciencia
Visual
Arkano
Extassy
Inspiracional
Aprende y dibuja

Julia Cameron

Bendiciones para el cambio

SELECTOR
actualidad editorial

SELECTOR
actualidad editorial

SELECTOR
actualidad editorial
Aniversario
50
1950-2000

Doctor Erazo 120
Colonia Doctores
México 06720, D.F.

Tel. 55 88 72 72
Fax 57 61 57 16

BENDICIONES PARA EL CAMBIO
Titulo en inglés: *Transitions*

Traducción: Silvia Peláez
Diseño de portada: Carlos Varela

ISBN (en español): 970-643-348-1
ISBN (en inglés): 0-87477-995-2

Primera edición: Mayo de 2001

Como recuerdo amoroso

Shari Lewis

Deseo agradecer a dos caballeros cuyas habilidades dieron forma a este libro.

Tim Wheater, *compositor*

Jeremy Tarcher, *colaborador*

Y a dos mujeres:

Emma Lively, *músico*

Dori Vinella, *musa*

INTRODUCCIÓN

La ventana de mi estudio está en dirección hacia el norte del Monte Taos, pues es mi gran maestro. En determinado momento, el horizonte se torna en un color morado oscuro. Momentos más tarde, estará bañada por una luz dorada. Sus pliegues son de tonos carmesí y bronce, y esta transición ocurrió mientras yo estaba escribiendo, y mi atención era absorbida por la página.

"Todo cambia, y siempre está cambiando", me recuerda a la montaña. También me recuerda que: "Hay fundamentos sólidos, un nivel espiritual de realidad, que se mantiene inalterable".

Este libro tiene que ver con el cambio: en cuanto a la dificultad que implica y a la posibilidad de que lo haya. También, al nivel de los cimientos, se relaciona con la aceptación del cambio. Con mucha frecuencia tratamos de vivir a través de nuestros cambios sin haberlos experimentado, así como las transiciones que sufrimos como seres humanos. Sin embargo, este libro pretende ser algo más que una compañía. Ha sido planeado como un modelo para que el lector pueda trabajar a partir de él. Las citas han sido seleccionadas con cuidado y se ha buscado que sean provocadoras. Por mi parte, he escrito mis plegarias inspirada por estas citas, lo que espero le ocurra al lector. Escribir plegarias positivas y afirmativas es un antídoto espiritual que cura profundamente el dolor producido por los momentos de angustia. Ahora si me permiten les daré un ejemplo.

Si el poeta Kabir escribe: "En donde estés se encuentra la entrada", de esta forma se trabaja al escribir una plegaria. Usted podría escribir algo como esto:

"En donde estés se encuentra la entrada".

"Estoy en la puerta. Estoy entrando por la puerta de mi nueva vida. Que la vida está iluminada por la amistad, agraciada por la música, pintada con frescura pues los colores le hablan a mi corazón..."

Tomando la misma cita, también podría escribir algo como esto:

"Hago una pausa mientras atravieso las rejas de una nueva relación. Hago una revisión de quién soy y lo que soy yo misma. Aprecio mi sentido del humor, mi autonomía, mi curiosidad intelectual y mi interés creativo. Y tomo la decisión de conservar todo esto. Conservaré y procuraré mi 'Yo' dentro del 'Nosotros'".

Además, podría escribir algo así como:

"Me encuentro en el umbral de una nueva vida en los negocios, soy fuerte y creativa a medida que avanzo hacia mi nueva oportunidad. Los mismos dones que me han servido en el pasado, me sirven ahora. Camino hacia delante con confianza y convicción en mi propia competencia."

Use este libro como una compañía que sirva ante los retos que enfrente, así como un catalizador para que usted escriba sus propias plegarias. De acuerdo con mi experiencia, durante muchos años, como artista y como maestra he visto que al escribir "se enderezan" las cosas. A medida que movemos nuestras manos sobre el lienzo de nuestras vidas, damos pinceladas más vívidas de nuestra experiencia. Escribir es una actividad alquímica que nos transforma, nos da poder y nos ilumina.

Nuestras transiciones surgen de manera más consciente. A medida que elegimos adentrarnos y cooperar con un pasaje difícil, iluminamos ese pasaje con la linterna de nuestra compasión personal. Cuando optamos por no abandonarnos durante los tiempos de prueba, descubrimos la constancia del Universo que manifiesta su amor a través de nosotros a pesar de todas las desgarradoras apariencias. Cuando escribimos la palabra "Yo" y acudimos a nuestra experiencia, entramos en el "ojo" de la tormenta, permitiéndonos alcanzar una constancia espiritual estable, aun cuando nos encontremos en medio de la lucha. Sólo espero que este libro sea para ustedes tanto un puerto como una barca.

Aunque el escenario de nuestra vida parezca confuso, por muy desgarrados que estemos al mirar la escena, podemos enfrentarla, y continuar hasta estar plenos.

MURIEL RUKEYSER

❀❀❀

El espíritu entiende la adversidad como una oportunidad: El espíritu es capaz de trabajar para el bien de todas las cosas. A medida que se me dificultan las transiciones dudo del bien que se avecina y me recuerdo a mí misma que existe un plan divino en movimiento con el cual puedo cooperar de manera consciente. A medida que enfrento mi resistencia al cambio, cuando elijo fluir con los acontecimientos a medida que se presentan, encuentro en mi aceptación un sentido de tranquilidad, una promesa de seguridad. El cambio me envuelve al tiempo que yo lo abrazo.

❀*Hoy, doblego mi resistencia a un bien mayor aunque esté oculto. Ilumino con mi fe mi propio sendero. Elijo creer en el bien que llega a mí. Dejo ir mis miedos.*

Cada momento de la propia existencia
está creciendo o disminuyendo.
Uno siempre está viviendo un poco más o muriendo
poco a poco.
NORMAN MAILER

❀❀❀

Todo cambio puede ser positivo potencialmente. La elección es nuestra. A medida que abro mi corazón para aceptar el cambio, éste se suaviza y se agranda. Cada experiencia contiene la semilla de la transformación. Cada evento puede traer el florecimiento y el bienestar. Mi voluntad personal puede poner resistencia al cambio o bien aceptarlo. La elección es mía y determina la vida que tendré.

❀*Hoy, elijo adoptar el cambio. Aunque abundantes abro mi corazón a sus bendiciones escondidas.*

La primera y más hermosa de las cualidades de la naturaleza es el movimiento.
MARQUÉS DE SADE

❀❀❀

El mundo natural nos enseña sobre el poder del cambio. A medida que cambian las estaciones, veo el propósito y la belleza de los ciclos de la vida. Admiro la promesa de la primavera, la madurez del verano, la generosidad de la cosecha y la misteriosa contención del invierno. Todas las estaciones trabajan por el bien. Así es lo mismo con los cambiantes ciclos de la vida. Cuando me rindo a la sabiduría de un plan superior, descubro en todas las circunstancias la oportunidad de crecimiento y expansión. No hay estación en mi vida que carezca de valor. No hay estación en mi vida que no manifieste mi bien superior. Desafiada por tiempos difíciles, conscientemente elijo afirmar las bondades de las etapas de la vida.

❀*Hoy,me comprometo a buscar activamente el beneficio oculto que hay en la adversidad, la sabiduría inherente a todas las etapas.*

Hoy, el mundo cambia tan rápidamente
que para crecer dejamos no sólo la juventud
sino el mundo en que fuimos jóvenes...
El temor y el resentimiento de lo que es
nuevo es en realidad un lamento por
los recuerdos de nuestra niñez.

SIR PETER MEDAWAR

❀❀❀

La resistencia solidifica la pena. Podemos hacer que nuestras penas se disuelvan al dejarlas correr con la curativa lluvia de lágrimas. Por eso cuando lloramos por la pérdida, se renueva nuestro campo espiritual. De esta manera todo cambio conlleva ganancias y pérdidas. Así cuando dejo ir las situaciones que me han perturbado, también dejo ir mi identidad como una persona llena de problemas. Este cambio implica emociones intensas. La pesadumbre es la compañía natural y curativa de la pérdida. Si se acepta y se rinde uno a ella, la pena crea transformación.

❀*Hoy, no niego mis sentimientos de pérdida, lo que me permite moverme en ellos hacia un nuevo crecimiento.*

Ninguna muerte ocurre sin dejar huella, y aquellos que están cerca a la muerte heredan parte del alma liberada y se enriquecen en su humanidad.

HERMANN BROCH

❀❀❀

Todo en la vida está relacionado y es continuo. No hay muerte del espíritu de aquellos a quienes amo. Mientras me duelo por la pérdida física de mis seres queridos, me abro para encontrarlos en una nueva y perpetua conexión espiritual. Nuestra relación continúa, sutil pero de manera flexible; así, cuando abro mi corazón a esta relación continua, descubro la chispa de la intuición, la luz que nos guía y señala el sendero compartido. Por eso aquellos que me han dejado, lo han hecho sólo físicamente. Se alejan pero el espíritu de la persona amada continúa vivo y prosperando. El nuestro es un viaje de corazones compartidos. De esta forma, la muerte no es un final sino un paso. A medida que abro mi corazón hacia una relación continua, mis seres queridos son conducidos por mi amor.

❀*Hoy, me considero lo suficientemente valiente para abrirme a la relación continua. Estoy alerta a los pequeños signos y señales que me hablan de la presencia eterna de mis seres queridos.*

El Señor crea, sostiene y absorbe
todo continuamente.
Él desarrolla todas las tareas.
SWAMI MUKTANANDA

❁❁❁

El espíritu lo penetra todo. Por lo que nada existe más allá de su alcance curativo. A medida que me dirijo hacia un cambio difícil, el Espíritu va delante de mí, preparándome el camino que debo seguir. Por eso todo cambio, en manos del Espíritu, es benéfico y se encamina hacia el bien. Por muy grande o pequeño no hay problema que el Espíritu no pueda sanar o transformar. Cada detalle de mi vida es relevante para el Espíritu. Tampoco hay nada a lo que me enfrente que deba enfrentar sola. Cuando los tiempos son contrarios, me vuelvo al Espíritu para pedirle ayuda y sustento. Entonces, éste me nutre en todas las circunstancias, y me apoya a cada vuelta del camino.

❁*Hoy, abro mi corazón para aceptar la ayuda que se me da en todas las cosas, tanto grandes como pequeñas. Hoy reconozco y saludo la fuerza de Dios en todos mis asuntos.*

La amistad es una de las cosas más
tangibles en un mundo que ofrece
cada vez menos apoyos.
KENNET BRANAGH

❀❀❀

Mis amores humanos son compañías muy queridas. Los momentos que pasamos juntos los atesoro. Agradezco la importancia de nuestro vínculo, aunque reconozco que hay ocasiones en que la distancia es adecuada. Estos tránsitos requieren un ajuste en mi actitud. Nuestros corazones deben extenderse en lugar de contraerse por la pérdida. Por eso afirmo que nuestro vínculo permanece intacto en el Espíritu en momentos de separación. De esta manera el Espíritu guía nuestros amorosos corazones y no sabe de distancia ni de separación. Además en el Espíritu, todas las cosas están cerca y todas las ocasiones son un momento eterno. Al tomar una lección de esta gran enseñanza, celebro la relación y continuidad frente a un aparente abandono y pérdida.

❀*Hoy, reconozco que en el Espíritu todas las cosas son una. Por esta razón afirmo la presencia, en el momento presente, de aquellos que se han ido lejos de mi alcance.*

Cada incidente me nutre, cada circunstancia me alimenta, cada palabra me colma, cada sonido me llena, porque el mismo amor está en todo y en todos.

SWAMI CHIDVILASANANDA

❀❀❀

El alimento es espiritual. Siempre lo tenemos a la mano. El poder que buscamos es espiritual así como temporal. Al tener un cuerpo saludable, puedo asegurar que va a tener más salud espiritual. El espíritu sale victorioso en su lucha contra la enfermedad y hasta la muerte. Éste vive imperturbable por el deterioro físico. Mi espíritu es fuerte y valiente; es más grande que las circunstancias adversas. En los reinos espirituales me expando buscando una visión más elevada y más prolongada de los hechos cotidianos. Así es que cuando miro el bien que se desprende y que funciona a través de todo y en todo, soy capaz de aceptar mi destino y reclamar el bien que éste contiene.

❀*Hoy, reclamo mi salud espiritual. Bendigo y celebro la vida perfecta que hay dentro de mí. Reconozco que soy un hijo del Divino y que mi divinidad no ha sido tocada por las circunstancias adversas. Mi espíritu está triunfante, alimentado por Dios.*

Este mundo es sólo una escuela de amor;
nuestra relación con nuestra esposo o esposa,
con nuestros hijos o padres,
con nuestros amigos o parientes es
la universidad en la que debemos aprender,
que son verdad el amor y la devoción.

SWAMI MUKTANANDA

Mi hogar es toda la Tierra. Me alimento en cada lugar, en toda situación. A pesar de que dejo atrás lo que me resulta familiar, encuentro nuevos lugares donde hallo al amor. Al tener buena voluntad la encuentras. Así mismo hallo armonía y franqueza en aquellos que salen a mi encuentro. Estoy rodeada. Mi espíritu encuentra un refugio. En mi nuevo hogar, nuevos amigos me dan la bienvenida, haciendo un lugar valioso para mí en sus vidas. No estoy sola. Las amistades salen a mi encuentro.

Hoy, acepto lo nuevo. Permito que mi corazón halle la alegría y los vínculos con nuevas compañías. Hago de mi corazón, uno en el que puedo cobijar mi espíritu. En todo lugar me siento en casa.

Con seguridad el Santísimo no es sordo, pues escucha los delicados anillos que suenan en las patas de los insectos cuando éstos caminan.

KABIR

❀❀❀

La sabiduría divina está latente en todos los acontecimientos. Ningún cambio ocurre sin la posibilidad de un beneficio. Ninguna transición, aunque sea terrible y difícil, deja de ser benéfica. A pesar de las apariencias, todos los eventos se desarrollan de acuerdo con una armonía superior. Yo estoy de acuerdo con este proceso. Así que dejo ir mis dudas, temores y recelos en una mano superior. De esta manera le pido al Espíritu que me conforte, y así soy arrullado en mi fragilidad humana y recibo fuerzas en mí vínculo espiritual. En todas las circunstancias me vuelvo al Espíritu. También me abro a un bien mayor que se manifiesta a través de mi acatamiento.

❀*Hoy, reconozco la presencia del Espíritu en todas las circunstancias. Me armonizo con el plan superior que opera a través de mí y para mí. Espero ayuda y la acepto. La conciencia divina se armoniza con mis necesidades. Y, además, sé que me escuchan.*

Todas las criaturas de este cosmos están sostenidas por el amor, y al final se mezclan en el mismo Ser cósmico. Por eso es esencial al amor.

SWAMI MUKTANANDA

En el plan divino estoy asociada con la naturaleza— el fulgor carmesí del ala del cardenal, la mirada inescrutable del gato persa, el pelaje sedoso del *cocker spaniel* echado a mis pies— compañías animales que tanto aprecio. Mis maestros así como mis amigos, mis compañeros animales me instruyen para vivir con devoción y armonía, olvidando los desaires y la falta de atención, amando dulce y atentamente. Aunque viven un tiempo más breve que yo, mis compañeros animales me enseñan sobre la alegría de vivir plenamente, a cada momento. Cuando pasan por mi reino, les agradezco por su amor incondicional, por los muchos momentos felices que hemos compartido. Al llevar su recuerdo en mi corazón, soy una mejor compañía para todo en la vida.

Hoy, saludo a mis amigos animales. Celebro su paso por mi vida. Les permito acompañarme y guiarme. También acepto su devoción y a cambio ofrezco mi devoto amor.

Sé una lámpara, una barca o una escalera.
Ayuda a sanar el alma de alguien.
Sal de tu casa cual si fueras un pastor.
RUMI

❀❀❀

El amor requiere de generosidad, de cuidados y expansión. Sobre todo, el amor requiere de una danza de distancias diferentes. También se debe bailar a dúo así como un solo, pues la danza del amor contiene ambos tiempos. Mientras juntos acariciamos nuestro tiempo compartido, dejo ir libremente a mis seres amados para seguir caminos separados si ése es su destino. Asimismo el amor vincula a pesar de la distancia. En mi corazón conservo a mis seres queridos tiernamente, confiando en que la distancia que nos separa también nos une, dándonos una valoración más fuerte de nuestro enlace único. Como la libertad es un requisito del verdadero amor, honro a mis seres amados con el don de la libertad.

❀*Hoy, abro mi mano. Dejo partir a mis seres queridos para encontrar sus destinos únicos aparte del mío. Los acaricio tiernamente dentro de mi corazón mientras suelto las amarras del control que pudiera atarlos. Amo con una mano abierta y con un corazón dispuesto.*

Kabir dice: simplemente aleja todos los
pensamientos de cosas imaginarias,
y mantente firme en lo que eres.
KABIR

❀❀❀

El corazón humano ansía la certeza aunque la vida es, alguna veces, incierta. En tiempos de ambigüedad, duda y aprehensión, clamo estar segura de mi relación espiritual. Al recordar para mi interior que frente a un cambio difícil, mis fundamentos en el Espíritu se conservan, y hallo un sitio donde pararme. El espíritu me vincula con todas las cosas, pues es eterno y sereno, fundamento detrás de toda experiencia. Cuando me siento amenazado y a la deriva, recuerdo que el Espíritu es una fortaleza interna, constante y segura.

❀*Hoy, abrazo el Espíritu como la roca de mi existencia, pues éste le da a mi alma un hogar en la Tierra.*

Todos los que disfrutan, ganarán.
Deben compartir la alegría.
La felicidad nació
gemela.
LORD BYRON

❁❁❁

Algunas veces dejamos de ser personas para convertirnos en un lugar cualquiera para aquellos que amamos. Nuestros corazones son el crisol que buscan los solitarios. Cuando llegan los tiempos difíciles y de oscuridad a aquellos a quienes amo les ofrezco la estabilidad de mi compañía. De esta manera al reconocer que mi presencia familiar ofrece alivio y dignidad a aquellos a quienes adoro, elevo mi sitio, enraizado en el amor que existe entre nosotros. Cuando mis seres amados atraviesan por momentos difíciles, camino junto a ellos. Les ofrezco compasión, buen humor, y honro su fortaleza. Soy un testigo lleno de amor, leal y fuerte para aquellos a quienes amo.

❁*Hoy, celebro mi función como compañía de aquellos a quienes amo. También ofrezco mi presencia y buen ánimo. Alumbro la lámpara de la atención compasiva. Mi corazón es una linterna que guía a quienes amo.*

Cuando un hombre muere, no se arranca un capítulo del libro, sino que se traduce a un mejor idioma.

JOHN DONNE

❀❀❀

El alma es una viajera que transita el mundo de la materia. Nuestros cuerpos son amados vehículos que albergan a nuestras almas. El alma es eterna y continúa su camino cuando ha terminado en este mundo. La muerte que vemos como final es sólo una puerta. Así, al enfrentar la muerte de alguien a quien amo, ofrezco mi amorosa presencia para su tránsito. Con base en la verdad espiritual que la vida conlleva, ofrezco alivio y compañía mientras mi amado enfrenta lo desconocido. En lugar de rendirme a mis sentimientos de pérdida y aflicción, le aseguro a mi amado la continuidad del amor. Así que nuestra partida física no rompe con nuestros vínculos espirituales, ya que el amor es la afirmación de la vida ante la muerte. Además el amor es la vida en expansión, cuando uno está vivo o en la eternidad.

❀ *Hoy, elijo afirmar el gran misterio de la vida eterna, concentrarme en el Espíritu perpetuo que habita dentro del cuerpo de mi amado.*

Suponga que restriega la piel de su ética
hasta que brille, pero que dentro
no suena la música,
¿entonces qué?

KABIR

❀❀❀

El trabajo es parte de mi identidad, pero no es mi esencia. Tengo un trabajo que puedo valorar, aunque valgo la pena y soy importante sin éste. El trabajo del alma trasciende nuestro trabajo en el mundo. Soy un alma comprometida en un viaje personal. Soy un viajero cuyo destino original puede alcanzarse por muchas rutas. Con frecuencia, los aparentes desvíos y trastornos me llevan a nuevas e importantes perspectivas, que son bienvenidas cuando hay un crecimiento inesperado. Mientras tanto valoro el "Yo" que me da identidad y que hace el trabajo. De manera personal y trascendental, "Yo" soy más que cualquier trabajo que emprenda. Así que ningún trabajo en sí mismo contiene mi destino entero.

❀ *Hoy, afirmo mi valor personal y me veo a mí mismo más grande que mi empleo. Reconozco mi dignidad interna en forma separada de mi papel en el mundo, para permitir que mi alma brille y mi corazón cante.*

Con frecuencia las personas ven los pasos dolorosos y llenos de obstáculos, mediante los cuales se alcanza el éxito más insignificante.

ANNE SULLIVAN

❀❀❀

Muy rara vez las mejores soluciones llegan suavemente. Es posible que, tanto el tiempo como la distancia sean necesarios para el desenvolvimiento adecuado de los acontecimientos. Por eso, al elegir una visión más amplia, estoy rindiendo mi sentido de urgencia y frustración. Entonces así permito que la vida se despliegue como una suave ola. Tampoco presiono en busca de satisfacción instantánea, porque mi corazón es paciente. Enfrentado a retrasos y aparentes reveses, me recuerdo a mí misma que, con frecuencia, de la adversidad surge un mayor bien. Al elegir honrar la naturaleza marina de la vida, que va y viene como la marea, no presiono para buscar soluciones artificiales nacidas de la prisa y la indiscreción. Pero sí permito que el universo se devele a su ritmo divino. Y yo me pongo a tono con el tiempo de mi más alto bien.

Hoy, acepto el ritmo de Dios como si fuera el mío. También hoy fongo mi fe en la sabiduría divina que despliega cada una de kas estaciones, en su debido momento. soy un campo verde al cuidado de las fuerzas universales, para permitir que mi yo sea nutrido por la Divina Providencia en el tiempo adecuado para mi perfecto florecimiento.

Cada instante en que se eleva el sol, ya sea que yo esté en el templo, o en un balcón, en los campos calientes, o en el amurallado jardín, mi propio Señor me está enseñando el amor.

KABIR

❀❀❀

El nacimiento me hace renacer. Mi corazón se expande para acompañar a la nueva vida y nuevas responsabilidades. El amor del Espíritu ama a través de mí, llenándome con un flujo abundante de afecto gentil. De esta forma, saludo a las almas que llegan a mi cuidado con ternura y un sentido de aventura. Nuestro viaje es compartido, porque somos peregrinos que viajan juntos hacia reinos más grandiosos. Las almas que son mis íntimas compañeras me traen regalos con su presencia. Así que yo, también, tengo presentes para aquellos a quienes amo.

❀*Hoy, mi corazón tiene un lugar para nuevas llegadas. Siempre en el Espíritu, soy fuerte, estable y receptivo. Con un niño en mi corazón, doy la bienvenida a los niños que conozco.*

No es la pregunta la que ilumina,
sino la respuesta.
EUGENE IONESCO

❁❁❁

Los problemas contienen las semillas de sus soluciones. Hostigado por la preocupación y ansiedad, que me impiden ver mi camino, me recuerdo a mí mismo que mi alma está conectada a toda sabiduría. Seré guiado con firmeza y certidumbre. En tiempos adversos, el bagaje de mi sabiduría interna puede ser más grande de lo que imagino. En esos momentos, sigo pidiendo que me guíen mientras escucho tanto lo interno como lo externo en busca de las más pequeñas señales que me ayuden a encontrar mi camino. La guía del Espíritu está siempre disponible para mí si controlo mi ansiedad y escucho con profundidad. Las respuestas me llegan desde muchas fuentes. Las soluciones emergen donde se plantean las preguntas.

❁ *Hoy, con humildad y apertura pido la intervención espiritual en mis asuntos terrenales. Pido ayuda, y, al pedirla, aparece.*

La mayoría de nosotros estamos tan ansiosos de cambiar de como lo estábamos de nacer, y vamos a través de nuestros cambios en un estado similar de impacto.

JAMES BALDWIN

❀❀❀

La transición crea vulnerabilidad. La seguridad de la vida pasada se ha hecho a un lado, pero la nueva aún no toma su lugar. El paso entre ambas se siente peligroso y amenazante. Nuestros pies avanzan inseguros en la cuerda floja que cuelga sobre el abismo selvático; sin embargo, estos sentimientos no dejan de ser ilusión. Por esto me siento a salvo y seguro todo el tiempo, en todas las situaciones, aunque sean inestables. De ahí que proclamo la salvedad espiritual como la piedra angular de mi seguridad. Mi fe es la montaña. Los acontecimientos son las nubes que esconden su rostro. Aunque algunas veces se sienta como que éstos me rebasan, procuro no olvidar que sólo son sombras que pasan. Mi fe permanece inmutable. Mi corazón, aunque es vulnerable, está protegido. El universo me procura el bien, de tal manera que, cuando elijo creer esto, encuentro el bien en la adversidad. Si se opta por el optimismo, aunque sea difícil de mantener, resulta pragmático espiritualmente. Al abrir nuestros corazones a la posibilidad del bien dentro de la dificultad, nos apropiamos de la llave de la curiosidad que nos permite abrir nuevas puertas.

❁*Hoy, reconforto a mi corazón amenazado. En tiempos de cambio, afirmo mi seguridad. Acepto el alivio de la luz espiritual. Me siento al calor de la verdad de que soy amado y estoy protegido incluso en medio del cambio caótico. A pesar del impacto que me produce el cambio, busco en mis nuevos parajes espirituales con un sentido de posibilidad.*

Sobrevivir significa nacer

una y otra vez.

ERICA JONG

❀❀❀

Todo principio es ya un final. Yo lo celebro, pero también lo lamento. Porque cuando empiezo como nuevo en un trabajo, una relación, en el hogar, elijo creer en mi propia elasticidad. Por esta razón, confío en la generosidad de la vida. Cuando invoco al Espíritu que no me deje, encuentro la satisfacción de mis deseos, necesidades y requerimientos. El Espíritu tiene suficiente para satisfacer los deseos de mi corazón. Dar es causa de placer para el Espíritu. Así que, aceptar es mi regalo para el Espíritu. En una tienda de antigüedades, encuentro una bola de cristal, un mapa antiguo que me habla de un mundo alumbrado sólo por una fogata. En una playa, encuentro la frágil concha que llega a mí desde climas más templados. La hoja que cae, vívida y transitoria, me recuerda los ciclos de la vida. El cachorro alegre del vecino lame mi mano. Acepto la generosidad del Espíritu. Permito que mi vida sea renovada.

❀*Hoy, acepto el inicio de una mejor vida, y dejo mis vínculos con el pasado para recibir lo nuevo.*

Si quieres la verdad, te diré la verdad:
Escucha el sonido secreto, el verdadero
sonido, que está dentro de ti.
KABIR

❀❀❀

El cuerpo es un gran maestro. Por esta razón, espíritu y cuerpo trabajan como un equipo. De ahí que en tiempos de las enfermedades corporales, busco la salud espiritual y me vuelvo hacia el Espíritu, para buscar los más profundos recursos del bienestar universal. Cuando me concentro en la salud espiritual, experimento una corriente subterránea de bienestar que subyace a la experiencia real. Como Espíritu, soy saludable, soy vibrante y eterno. Así si me enfoco en esta realidad, gano fuerza. Además detengo más claridad y flexibilidad. Mis energías espirituales fundan mi ser físico con apoyo y sustancia.

❀*Hoy, me concentro en la realidad que el Espíritu infunde a toda la materia y que éste es perfecto y eterno. Proclamo la salud perfecta que es mía en tanto Espíritu, para sentirme vibrante y completo.*

Nuestra amistad está hecha de estar despiertos.

RUMI

❀❀❀

La atención es el don de la soledad. Al depender de mis propios recursos, sin la compañía de aquellos a quienes amo, aprendo a apreciar mi propia compañía. A medida que descubro mi independencia, también descubro mi interdependencia. De esta manera puedo ver la suave e intrincada danza de nuestra relación. Así es como percibo los pasos que conozco y aquellos que me gustaría aprender. Por eso al hacer buen uso de la soledad para reflexionar, me concentro profundamente en mí misma, para reforzar así mi capacidad para vincularme con otros. También aprendo con claridad qué es lo que amo y echo de menos de las personas que suelen estar conmigo. La separación nos enseña tanto autonomía como conexiones.

❀ *Hoy, me concentro en mi relación conmigo mismo, para llegar al fondo y hacer contacto con mis propios recursos espirituales. Experimento mi bienestar interno para compartirlo. De esta forma me conecto profundamente conmigo mismo preparándome para mi reunión con los demás.*

Tal es el estado de la vida, que nadie es feliz al anticiparse al cambio: el cambio en sí mismo no es nada; cuando lo hemos hecho, el siguiente deseo es volver a cambiar. El mundo aún no se ha extinguido; déjame ver algo que nunca haya visto antes.

SAMUEL JOHNSON

❁❁❁

Algunas veces aquellas estaciones de la vida que carecen de importancia son las que más desafíos presentan. A medida que la vida se desenvuelve suavemente, pero sin los altos contenidos de adrenalina, experimentamos una sensación tanto de pérdida como de tranquilidad. Perdemos el sentido de la importancia que nos permite definirnos en términos de nuestras reacciones hacia los eventos externos. Cuando faltan los eventos dramáticos, se nos pide que regresemos y nos definamos. Esto puede producir temor, como si estuviéramos en un mundo que nos resulta poco familiar donde no hubiera hechos memorables. ¿Quiénes somos cuando carecemos de elevado estrés? En momentos de paz, ¿qué deseamos realmente? Las profundas corrientes de mi temperamento corren con fuerza pero tranquilas. Para oírlas, debo escuchar.

❁*Hoy, vuelvo mi atención para escuchar mi interior profundamente. Aguzo mi oído espiritual para alcanzar niveles cada vez más finos a medida que escucho buscando la sutil guía que llega a mí en los momentos de gran tranquilidad.*

El encuentro de dos personalidades es como el
contacto de dos sustancias químicas:
si hay alguna reacción, ambas se transforman.
C.G. JUNG

❀❀❀

Las conexiones son químicas. Las amistades no son estáticas, porque son entidades vivientes que crecen y cambian. Algunas veces mis amistades son tirantes, y pasan por misteriosas estaciones de alejamiento. Por eso, permito que mis amistades cambien y crezcan, que estén inactivas y tranquilas hasta que llegue el momento en que vuelvan a florecer. No les exijo a mis amistades que siempre sean agradables. También le concedo a mis amigos la libertad de crecer, de cambiar y de desafiarme a través de sus comportamientos alterados y distintos puntos de vista. Dejo ir a mis amigos de acuerdo con sus propios senderos y a su propio paso. No tomo personalmente sus necesidades ocasionales de distancia y de estar solos. Mis amistades son orgánicas y en evolución, catalíticas y en transformación. Así nuestras intersecciones disparan un nuevo crecimiento.

❀Hoy, soy flexible y estoy en evolución. Soy una pradera con estaciones variadas y bienestar en cada una; bendito con abundancia y en las bendiciones que ofrezco a los demás abundante. El derecho a cambiar es una bendición que ofrezco a mis amigos. Somos mineros que descubrimos nuevos minerales a medida que cavamos.

Los cambios en nuestra vida deben venir de la imposibilidad de vivir de otra forma que no sea de acuerdo con las demandas de nuestra conciencia.

LEÓN TOLSTOI

❀❀❀

Cada uno de nosotros tiene un compás interno. Su voz nos llama para nuestro mayor bien. Algunas veces es necesario que alteremos una situación que se haya llevado mucho tiempo y que ha llegado a ser sofocante. Enfrentar la ruptura o la alteración de una relación es difícil incluso cuando sabemos que este tipo de cambio es para estar mejor. Asimismo, al enfrentar un divorcio, una separación o con la necesidad de terminar una amistad de mucho tiempo, debo recordarme a mí misma que algunas veces el involucramiento más amoroso no lo es en realidad. Siempre resulta tentador tratar de regresar, de aferrarnos a lo que una vez fue en lugar de enfrentar el hecho de que la relación se ha terminado. Yo resuelvo con un corazón amoroso aceptar los finales más adecuados. No trato de forzar las cosas cuando la realidad es difícil pero clara. En lugar de esto, dejo ir el pasado, lo bendigo y regreso con una resolución para el futuro. Escucho los dictados de mi conciencia, sabiendo que su voz me llama a casa.

❁*Hoy, pongo mi humilde corazón al cuidado universal, pidiendo que me proporcione cura y me muestre el camino correcto.*

Deja que el gran mundo gire para siempre
hacia las rutinas del cambio.
LORD TENNYSON

❀❀❀

El mundo es una pradera con grandes posibilidades de reverdecer. Ninguna persona puede controlar mi felicidad. Nadie es la fuente de mi alegría, pues estoy en estrecha relación con el flujo universal. Mis necesidades de amor y afecto provienen de diversas fuentes. Estoy bendecido por la habilidad para recibir amor a través de muchos canales. Abro mi corazón al amor que se me ofrece a través de múltiples fuentes. Mi corazón es la pradera de una montaña alimentada por variadas corrientes.

❀*Hoy, practico la receptividad de mis fuerzas amorosas. En cualquier momento, puede presentarse una intersección inspirada por la divinidad. Acepto el bien que fluye hacia mí desde distintos lados.*

Nada que nos cause pena puede ser pequeño:
por las leyes eternas de la proporción
el hecho de que una niña pierda su
muñeca y que un rey pierda su
corona es del mismo tamaño.
MARK TWAIN

❀❀❀

Todo riesgo puede ser susceptible al rechazo. El aguijón de la crítica puede crear una espiral de vergüenza. Al ser mordidos por la vergüenza, es fácil llegar a ser amargado, alejarse de la vida y encaminarse a la desesperación. No me permito este peligroso lujo. Cuando me enfrento con la hostilidad, me vuelvo a mi interior en busca de alivio espiritual y recordar que soy hijo del Universo, merecedor de amor, cuidado y respeto. Al estar consciente de mi vulnerabilidad, me trato con gentileza con el mismo cuidado que le dedicaría a un amigo herido. Mi dignidad se basa en mi identidad espiritual. Sostengo mi valor ante la hostilidad. No me estremezco por la picadura del ataque personal. Permito a mi corazón que sea una fortaleza. Mi espíritu es como la cara de una montaña orgullosa y brillante bajo el sol.

❀ *Hoy, me mantengo firme en mi propia valía. Mi dignidad es sólida y duradera. Mi fe es la roca sobre la cual construyo mi vida. Me atrevo a arriesgar y arriesgo mi osadía. Soy lo suficientemente grande para sobrevivir a mis pérdidas y disfrutar mis ganancias.*

Aunque los amantes se pierdan,
el amor no deberá perderse;
y la muerte no deberá enseñorearse.
DYLAN THOMAS

Confiamos en quienes amamos para que nos sirvan de resonancia. Sus percepciones y opiniones son parte de lo que amamos. Cuando perdemos a quienes amamos, jamás se pierden sus interacciones con nosotros. En lugar de eso, se nos pide que escuchemos con más atención a los consejos que nos ofrecen. Así, estos consejos pueden llegar a nosotros en forma de intuición o como recuerdos. También, pueden llegar en forma de amigos o extraños que nos hablan en el mismo tono de nuestro amor perdido. En cuanto que abrimos nuestros corazones a una relación continua con aquellos que nos han dejado, descubrimos que recibimos ayuda y que somos protegidos de muchas formas. Las personas que amamos nos siguen amando mientras nosotros lo hagamos. A medida que abrimos nuestros corazones y nuestra mente a un amor continuo, se nos recuerda a través de la sensación de su presencia.

❁*Hoy, me permito ser ayudado y recibir la guía de aquellos que han partido antes que yo. Del mismo modo en que el poderoso árbol brota de la diminuta semilla, mi florecimiento pleno está arraigada en aquellos que se me adelantaron. Celebro la continuidad de la vida, porque soy parte de un todo más grande el cual es también parte de mí.*

Detén las palabras ahora.
Abre la ventana en el centro de tu pecho
y deja que los espíritus entren y salgan.
RUMI

En nuestras vidas, tenemos muchos tamaños, que nos hacen percibir grandes y pequeños. Con frecuencia, un cambio para mejorar nos hace sentirnos peor. Dudamos de que merezcamos lo bueno que nos ha llegado. En ocasiones nos sentimos pequeños, fuera de nuestra profundidad del centro. Nuestros sueños se están volviendo realidad y no nos sentimos lo suficientemente grandes para habitarlos. Retrocedemos frente a la vida que nosotros hemos creado. En esos momentos de autodevaluación, siempre recuerdo que: soy una flor de Dios. Mi vida florece a través de Dios. El bien que me llega es asunto de Dios, y no depende de mí. Cuando permito que mi vida se abra y florezca, estoy permitiendo que Dios encuentre una expresión en el mundo.

Hoy, me rindo a mi resistencia a ser grande. Permito que Dios sea quien elija mi tamaño.

La verdadera amistad es una planta que crece lentamente, y debe padecer y soportar los golpes de la adversidad antes de que tenga derecho a ser llamada así.

GEORGE WASHINGTON

❀❀❀

Las amistades requieren de honestidad y ésta precisa de valentía. En todas las amistades hay momentos en que debemos elegir ser valientes. Nuestras amistades se han arraigado y así deben ser transplantadas y transformadas para que habiten en un saludable y gran recipiente. Esta transición requiere que digamos la difícil verdad. Por eso, al hablar de la verdad de nuestros corazones, aunque no siempre es fácil, nos permite colocar la piedra angular sobre la que pueda descansar firmemente la amistad. Cuando elijo hablar con integridad y apertura, me comprometo profundamente conmigo mismo así como con otros. A medida que aprendo a confiar en la seguridad de la comunicación abierta, descubro que me abro como una planta que reacciona al sol. La honestidad es curativa y nutritiva para mi corazón y sus amistades.

❀*Hoy, florezco en mi honestidad y apertura. Pues me permito alimentarme de la comunicación honesta para que mis relaciones sean más sanas.*

El sol se pone y la luna se pone, pero no se van.

La muerte es llegar a estar juntos.

RUMI

La muerte es al mismo tiempo dramática y sutil. Con el tiempo, la partida de un ser querido se hace menos dura en cuanto se revela, lenta y suavemente, un lazo continuo. A medida que abro mi corazón a los llamados y consejos de aquellos a quienes amo y que han dejado la esfera física, estoy alerta al contacto que me llega en muchas formas: como recuerdos, intuición y coincidencia. En lugar de cerrar mi corazón con amargura, mantengo una atención suave pero alerta hacia el toque del Espíritu. Por esa razón, es mejor recordar que la vida engendra vida y que aquellos que amo viven en los recuerdos amorosos que tengo de ellos. También, que mi memoria los mantenga vivos, señalando su interesado contacto en formas sutiles.

Hoy, deliberadamente practico el amplio criterio, para cultivar la voluntad y experimentar reinos sutiles.

Afortunadamente, el psicoanálisis no es la única forma de resolver los conflictos internos. La vida misma es un terapeuta muy eficaz.

KAREN HORNEY

❀❀❀

En la vida diaria hay una transición interna que puedo practicar conscientemente, pues se trata de una transición del miedo a la fe. Cuando me enfrento a la ambigüedad y la incertidumbre, puedo elegir creer en la cosas que funcionarán mejor. El trabajo perdido me dará uno nuevo y mejor. Una amistad complicada que abandono deja lugar para hacer nuevas amistades. La nueva dirección que toma mi pensamiento actual será fructífera, y no sólo excéntrica. Todo funciona para lograr el bien. Por eso, en lugar de solazarme en la preocupación y dudas, puedo elegir creer que hay sabiduría en los eventos que se desenvuelven frente a mí cuando ocurre. Para muchos, la decisión de cambiar, de sentir temor a experimentar fe es una decisión que se relaciona con cambiar del pesimismo al optimismo. Mientras elegimos adoptar una mente abierta y ser optimista en relación con nuestras vidas, somos afortunados al estar alertas al bien que se desenvuelve frente a nosotros. De esta manera me convierto en un testigo de mi maravilloso crecimiento.

❀*Hoy, elijo conscientemente el optimismo, porque mi vida es un campo de Dios sembrado con las semillas de mi futuro que florece.*

Para mantener una lámpara encendida,

debemos alimentarla con aceite.

MADRE TERESA

❀❀❀

A menudo la comunicación se dificulta, por lo que es posible que las amistades se enturbien por sentimientos que no se expresan ni se comparten. En los momentos en que mis amistades se ensombrecen por los secretos, es importante recordar que puedo llevar una brillante lámpara en mi corazón y esperar el momento adecuado para limpiar con gentileza el aire. Al escuchar con un oído interior para ver el instante en que se presenta el momento adecuado, decido compartir mis sentimientos, pensamientos y reflexiones con valentía y gentileza. Esto en lugar de alimentar enojo o resentimiento, cuando la comunicación se deteriora y ruego por el bienestar de mi amigo perdido, comunicándome en un nivel espiritual y haciéndole saber de mi compromiso continuo, de nuestra amistad.

❀ *Hoy, renuevo mi compromiso interno con honestidad. Hoy, escucho para conocer el verdadero momento en que debe hablar mi corazón. Elijo, alerta y dispuesto a seguir la guía interna, mi momento y mis palabras en la gracia curativa.*

Todo es tan peligroso que nada en realidad provoca verdadero miedo.
GERTRUDE STEIN

❀❀❀

Cuando viajamos, cambiamos de cultura y de conciencia. Por lo que nuestro sentido del yo puede aumentar y cambiar. Esto implica que al viajar me abro a nuevas vistas externas así como a nuevas perspectivas internas. Se me enseña a ver la vida desde un ángulo superior, para alcanzar el sentido de mi posición en esta pintura más grande. Somos viajeros todo el tiempo, aunque muy rara vez vemos la vida como el viaje que es. Por eso al viajar, logro tener un mayor sentido de mi trayectoria personal, me permite tomar nota, y medir mis logros en relación a las metas que persigo. Al liberarme de la estructura ordinaria de mi vida, también soy liberado para evaluar la vida y asegurar que su forma externa se relaciona con mis necesidades internas. Así la vida me puede guiar de mil maneras. Al ver mis múltiples opciones, puedo elegir mi propio sendero.

❀*Hoy, me veo a mí mismo como un peregrino. Tomo nota de las distancias que he viajado. Me tomo el tiempo para realizar el mapa con la ruta que ahora elijo.*

La enfermedad sensibiliza al hombre a la observación, como si fuera una placa fotográfica.
EDMOND Y JULES DE GONCOURT

❀❀❀

La enfermedad sacude nuestro cuerpo y alma. Sus sufrimientos nos empujan a nuevos territorios. Mientras que, con frecuencia, somos incapaces de encontrar la causa de nuestra enfermedad, avanzamos a una mayor apertura espiritual. Así como las frutas amargas del dolor y el trauma, cosechamos los dones más sutiles de la apertura y la aceptación. En cuanto enfrentamos el reto de una enfermedad que nos ataca injustamente y sin aviso, también pasamos inventario de la riqueza de la vida que interrumpe. De ahí que sea posible que descubramos que hemos vivido plenamente, con amor y bien. Tal vez esto haga que nos percatemos de la profundidad de los lazos que nos unan a quienes queremos. Una enfermedad repentina y catastrófica es una trampa espiritual que nos conduce a la red del Universo. En nuestra caída libre, a menudo descubrimos una sorprendente fe y aceptación. De esta forma somos emboscados en nuestra salud espiritual.

❁*Hoy, encuentro salud en mi enfermedad, pero también bienestar en el núcleo de mi enfermedad. Acepto la condición que inesperadamente ha caído sobre mí, lo que me permite que con esta nueva situación encuentre mi orientación espiritual y un mayor crecimiento.*

La llamada de la muerte es la llamada del amor. La muerte puede ser dulce si le respondemos afirmativamente, si la aceptamos como una de las grandes formas eternas de la vida y las transformaciones.

HERMANN HESSE

❀❀❀

Frente a la muerte no hay palabras compasivas lo suficientemente fuertes para aliviar el sufrimiento de nuestros corazones. La intención amorosa es la que está debajo de las palabras, que corre con ellas y la que forma la red para nuestros corazones desfallecientes. Incluso cuando nos tambaleamos hacia las profundidades de la desesperación; podemos ser atrapados en la red de la compasión, en donde están aquellos que nos aman cuando los hemos amado y los que han tenido una pérdida al igual que nosotros. Cada amor es único e individual. Cada pérdida es personal y particular. Aun así, la gran red de la vida nos incluye totalmente. Nuestro sufrimiento es un sufrimiento conocido y nuestra curación es a lo que eventualmente tiende todo el Universo. En cuanto que entramos en los portales de la pena, nos encontramos con la comprensión de las etapas. El nacimiento, el amor y la muerte son marcas de la condición humana. A medida que abro mi corazón para aceptar la realidad de la muerte de mis seres queridos, lo abro a mi propia humanidad. En lugar de aislarme, sintiéndome especial por mi dolor, elijo ver que mi pena es la de las etapas, puntuales, personales y particulares, aunque de naturaleza universal.

❀*Hoy, acepto las lágrimas de mi dolor, así como la lluvia dadora de vida y que estimula el nuevo crecimiento. Incluso frente a la muerte misma, siento la flexibilidad de la vida que me mueve inexorablemente hacia un bien mayor.*

Cuando la mente se tranquiliza, te sientes pleno,

SWAMI CHIDVILASANANDA

❁❁❁

Algunas estaciones son menos coloridas que otras. Algunas son templadas y hasta aburridas y requieren que busquemos activamente nuestras propias diversiones. El alma tiene muchos climas. Por eso en tiempos de calma, recuerdo que el crecimiento tiene lugar de manera lenta pèro segura. Cuando me siento tentado a dramatizar las cosas en mi ambiente, recuerdo que con frecuencia el drama conlleva un crecimiento más profundo y sustancial. Mi corazón es un lago sereno. Los vientos del cambio lo mecen ligeramente.

❁ *Hoy, permito sutilmente mi propia revelación, porque valoro la serenidad y aprecio la paz.*

El cambio no se logra sin inconvenientes.
RICHARD HOOKER

❀❀❀

El cambio crea fricción, la que a su vez produce cambios. En cuanto damos la bienvenida a lo nuevo, debemos dejar lo viejo. Nuestra vida en desarrollo requiere que dejemos espacio para ello. Cuando rompemos papeles, limpiamos cajones y arreglamos closets, estamos poniendo orden más allá de la vida física. Cuando creamos armonía la atraemos. De esta manera nuestras vidas son más dulces, menos caóticas y más fluidas. Al limpiar los bloqueos físicos para dejar un ambiente más sereno, queda sitio para la serenidad personal. El cambio, aunque sea inconveniente, crea conveniencia y flujo.

❀ *Hoy, soy una corriente clara que fluye suavemente a través de las verdes praderas, para lograr mis metas rápida pero suavemente.*

Deja que lo que estaba adelante pase atrás,
y deja que lo que estaba atrás avance
hacia delante.

WALT WHITMAN

La pérdida transforma la perspectiva. El dolor de la pérdida puede aparecer a intervalos. De esta manera golpeados por el dolor y la añoranza, es difícil aguantar y más difícil imaginar la vida con dulzura. Por eso en las épocas de luto, se debe tener cuidado. Debemos elegir consciente y creativamente para llenar nuestros días con bondades plenas. Esto significa que debemos enfocar nuestra atención en el momento presente, buscando sus deleites particulares aunque exista una distancia emocional. El gato en la ventana. El geranio que florece en el alféizar de la ventana. El perro cazador que trota al lado de su dueño. Cada una de estas visiones particulares pueden tocar a un corazón congelado, despertándolo con suavidad para llevarlo a una nueva vida, incluso, en medio del dolor. En las estaciones difíciles de congoja se nos pide proteger y cuidar de nosotros mismos como niños vulnerables que disfrutan inocentemente las pequeñas alegrías de la vida.

❀*Hoy, elijo quererme a mí mismo como un niño amado, para tratarme con gentileza y compasión. Al practicar la atención alerta, encuentro placer en los pequeños tesoros del día. Permito que los momentos significativos enriquezcan mi punto de vista. Al contar con estas bendiciones, enriquezco mi corazón empobrecido.*

Ayuda a que tu hermano pueda cruzar el río
con su bote, y ¡aleluya!
Verás que el tuyo también alcanza la orilla.
PROVERBIO HINDÚ

❁❁❁

El mundo es un océano de posibilidades. Las relaciones se profundizan y cambian. A medida que avanzamos más allá de nuestra acostumbrada profundidad, se requiere de nuevas actitudes y corazas. Es como aprender a nadar. El agua nos sostendrá si se lo permitimos. También en las relaciones debemos desarrollar la fe necesaria para flotar así como para nadar. Al igual que el nadador debe aprender a confiar en que las aguas lo sostendrán, debemos aprender a confiar en que una relación puede sostener el peso de nuestra personalidad. En lugar de hacer un constante esfuerzo debemos relajarnos y permitirnos confiar en las sutiles energías del amor. Todas las relaciones requieren de vulnerabilidad. Por eso a medida que aprendo a abrirme a este hecho, suavizo mi ser para alcanzar una fortaleza flexible.

❁*Hoy, practico la fe en esta relación en desarrollo, así como la hoja otoñal que vuela al viento, permito que mi ser sea llevado gentilmente hacia delante.*

Cambio significa movimiento.
Movimiento implica fricción.
SAUL ALINSKY

❀❀❀

El cambio físico invita al cambio espiritual. Nuestro cuerpo físico en el vehículo que nos conduce por la vida. En cuanto que alteramos nuestra apariencia física, también se ven afectadas nuestras interacciones con los demás. Por eso se requiere de tiempo y compasión para ajustarnos a los cambios en nuestra apariencia personal. Ganar o perder peso, un nuevo corte o color de cabello, una diferente forma de vestir, cualquiera de estos cambios pueden abrir la puerta a sentimientos de vulnerabilidad y hasta de fragilidad. Por el contrario, a medida que fortalecemos nuestros cuerpos, podemos sentir el poder de nuestro propio magnetismo, la energía de nuestra sexualidad, el don de nuestra propia naturaleza atractiva. Para esto es necesario recordar que la vida está formada por estaciones y que cuando mi apariencia se modifica, yo me estoy encaminando a un cambio que recordaré con gracia, dignidad y hasta sentido del humor. Acepto mi visión ampliada que llega a mí como un don al haber transformado mi ser.

❀Hoy, me trato con compasión, para aceptar mi persona transformada así como los muchos cambios que implica.

El amor no sólo se sienta ahí como una piedra,
tiene que fabricarse como un ladrillo;
volverse a hacer todo el tiempo, renovarse.
URSULA K. LE GUIN

❁❁❁

Construyo mis amistades con la arquitectura consciente de mi integridad. Mi diseño deja espacio para el cambio. Mis amistades son flexibles y elásticas. No pido que mis relaciones permanezcan estáticas y sin variaciones. En lugar de esto, permito que mis vínculos sean mutables y variables. En ciertos momentos estoy cerca y en otros estoy más distante incluso de mis amigos más cercanos. Así es la marea natural de las relaciones. Acepto las mareas cambiantes de mis amistades. Permito el flujo y la mutabilidad. Mi corazón es una playa espiritual con intrincadas mareas que honro y respeto.

❁*Hoy, respeto el jardín cambiante de mi vida, para concentrarme en aquellas áreas que están floreciendo y permito que otras áreas permanezcan quietas sabiendo que, a su vez, también florecerán.*

Con frecuencia, Dios nos cierra la puerta en la cara, y después abre aquella puerta por la que necesitamos entrar.
CATHERINE MARSALL

❀❀❀

El corazón es más osado y adaptable de lo que nos imaginamos. Enfrentado al dolor del cambio en una relación, con frecuencia sentimos que ni damos ni recibimos amor, como si hubiéramos agotado nuestra capacidad de amor. Sin embargo hay una verdad más profunda. Estamos inmersos en el amor, una parte de amor y un portal para que el amor ame a través de nosotros. Al recordarme que soy amado por un amor divino y que soy capaz de amar a través del amor divino, por lo que puedo permitir que mi corazón se suavice y disuelva sus heridas. Además puedo hacer que mi corazón se abra hacia la compasión, para amarme a través de la aceptación consciente de mi vulnerabilidad y aceptar mi habilidad para transformar y trascender.

❀*Hoy, puedo permitir que la alquimia del amor divino transforme un final difícil en un nuevo comienzo, para que mi corazón se convierta en un ave fénix y hoy yo celebro su vuelo.*

La valentía es el precio que pone
la vida para garantizar la paz.
AMELIA EARHART

❀❀❀

Algunas veces nuestras vidas se despedazan. El tornado del cambio llega a nosotros repentinamente y sin misericordia, por lo que fue, ya no será más y quedamos a la deriva. El tejido de nuestra existencia ha sido desgarrado de principio a fin, incluso en los momentos de esta transición extrema, hay un esfuerzo interno hacia el bien. También en ocasiones en que el dolor nos ciega, nos rebelamos contra nuestro destino, por lo que se produce una oleada que puede movernos hacia el crecimiento y la sanación.

❀*Hoy, consciente y deliberadamente suavizo mi corazón contra la amargura, pues pido al amor universal la gracia de la curación para confortarme y guiarme a nuevos comienzos. Por esta razón elijo soltar de mi corazón su trauma amargo y el impacto recibido. Acepto el crecimiento profundo que se me ofrece a través de esta terrible pena. Así que abro mi corazón al pedir a las fuerzas universales que me ayuden en mis tiempos de necesidad.*

Hay un Ser Secreto dentro de nosotros;
los planetas en todas las galaxias pasan por sus
manos como si fueran cuentas de un collar.
Ese es el collar de cuentas
que uno debería buscar con ojos luminosos.
KABIR

Somos como joyeros, porque al inicio de cualquier día, tenemos ante nosotros las hermosas cuentas de las distintas opciones. Elección por elección, momento a momento, armo el collar de este día, uniendo las opciones que forman el arte de vivir. ¿Hoy estaré tranquilo o aguerrido, solitario o acompañado de amigos, reflexivo o expresivo? ¿Escribiré cartas, haré llamadas telefónicas, pagaré las deudas, barreré los pisos o daré un largo paseo? Al avanzar a lo largo de mis días, consciente de la gracia, me conecto con la red de la vida. De esta manera yo, también, soy una cuenta de un collar más largo.

Hoy, elijo vivir con un diseño consciente, nutriéndome a mí mismo y a los demás en cuerpo, mente y espíritu, por lo que pido y recibo consejo, para acariciar el patrón de mi vida.

Nunca podemos regresar otra vez,

lo cual es cierto.

DAPHNE DUMAURIER

❀❀❀

Algunas ocasiones las personas nos fallan de manera impresionante, por lo que nos sentimos traicionados, abandonados, hechos a un lado. En los momentos de este trauma personal, no debemos olvidar ver el panorama completo. El Universo no nos traiciona, ni nos hace a un lado. Incluso en medio de una pérdida dolorosa, somos guiados y reconfortados; cuidados y protegidos. Aunque yo no pueda verlo, una mano divina se inmiscuye en mis asuntos. De hecho me doy cuenta de que mientras la gente puede, fallarme y alejarse, hay una bondad inmanente al Universo que me trae nuevas amistades y nuevas situaciones. Estos dones me curan y alivian. Veo la mano misericordiosa de la providencia a pesar de mi dolor.

❀*Hoy, pongo mi fe en el amor universal, por lo que abro mi corazón para recibir cuidado y confort de fuentes inesperadas. Permito que el bien me llegue de muchos sitios. De esta forma someto mis ideas fijas para ver lo que me sirve mejor, para abrirme a la gracia innovadora de la vida que se desenvuelve ante mi.*

Pensadores, escuchen y díganme
¿qué es lo que saben de lo que no está dentro del alma?
KABIR

❀❀❀

El corazón tiene sueños y esperanzas que esconde de la vista de los demás. El corazón tiene penas secretas, aflicciones privadas. Al escucharlo, debo hacerlo con oídos amables. Si juzgo demasiado a la ligera, mi corazón no hablará de las decepciones y el dolor causado porque éste permanecerá. Mi corazón requiere que mi ternura hable de sus secretos. Mi corazón recompensa a mi amor al ser el compás verdadero por el cual yo conduzco mi vida.

❀ *Hoy, mi corazón está a salvo dentro de mi cuidado, pues le ofrezco oídos compasivos para escuchar sus sueños.*

Cuando las personas hacen cambios en sus vidas, en determinada área, pueden empezar por cambiar la forma en que hablan acerca de ese asunto, cómo actúan al respecto, y su actitud hacia él, o ver las decisiones que toman en relación con él.

JANE ILLSLEY CLARK

Las nuevas habilidades dan chispa a nuestra vida. También los pasatiempos enriquecen el alma. El piano aprendido por gusto, el suéter tejido a mano para una sobrina querida, la silla de la cocina recién pintada, son acciones que iluminan nuestra vida diaria. Un breve poema hogareño, una olla de sopa, una hoja con brillantes colores, guardada en un libro, con piedras hermosas sobre las que construyo mi hogar. Con esto puedo lograr cierta belleza cada día. Además puedo sumar a mi mundo gracias a mi arte.

Hoy, actúo en formas pequeñas y concretas para traer belleza a mi hogar y permitir que la mano del Gran Creador se manifieste a través de mí, trayendo gracia y orden a mi alrededor.

Es el cambio, el cambio continuo,
el cambio inevitable,
el factor dominante en la sociedad de hoy en día.
ISAAC ASIMOV

❁❁❁

Algunas ocasiones nos enfrentamos a eventos que quedan fuera de nuestro control. Por ejemplo, que nuestros amigos acepten empleos en ciudades distantes, que la persona a quien amamos se enamora, a su vez, de manera repentina e irrevocable de otra persona, que nuestra compañía hace reducción de personal, o que un incendio acabe con nuestro barrio y nuestra casa se pierde en las llamas. Por eso al enfrentar tales pérdidas, hace que nuestros corazones se vean asaltados por el temor. De esta manera nos sentimos perdidos más allá de lo que podemos soportar, a la deriva en un mar lleno de peligro. El mundo parece un lugar hostil y aborrecible. Tenemos miedo. Así que en momentos como éstos, nos retraemos, contrayendo nuestros corazones para protegernos. Esto se trata de un reflejo natural, que va a cuenta de nuestro bien. En tiempos de adversidad, debemos no contraernos expandirnos, abrirnos, no cerrarnos; abrir nuestra mano para recibir ayuda en lugar de aferrarnos fuertemente a lo que nos queda.

❀*Hoy, dejo ir las cosas. Libero mis defensas, en lugar de guardarme herméticamente en el puño que uso para luchar contra la adversidad y abro la mano de mi corazón para permitir que ese toque de amistad, de esperanza tenga lugar. Así que en lugar de endurecer mi corazón para soportar ventarrones futuros, me suavizo para recibir los nuevos comienzos.*

Debes hacer aquello que piensas
que no puedes hacer.
ELEANOR ROOSEVELT

❀❀❀

Ser optimista frente a la incertidumbre es un arte difícil. El terreno de la vida es variado y misterioso. No siempre puedo ver el sendero que tengo delante de mí. Por momentos mi paisaje se nubla con la duda, o se restringe por el temor. Los paisajes abiertos del optimismo están cerrados para mí. En esos momentos en que estoy corto de vista, debo practicar la disciplina de las actitudes positivas. Debo elegir conscientemente esperar un futuro benévolo en lugar de mi fe tambaleante. Así sumergido en la rutina de los asuntos que trae cada día, debo actuar en concordancia con el bien que se acerca. Esto significa que yo diga "sí" a las oportunidades de nuevas aventuras y conocidos que llegan a mi vida. Digo "sí" y las puertas inesperadamente se abren. En lugar de asirme a mi vida conocida, permito que la vida cambie y se expanda. Elijo correr un riesgo positivo, por lo que me sentiré lleno de fe a pesar de mi desconfianza.

Hoy, abro mi mente y corazón a los nuevos paisajes que se me presentan, para asumir el cambio y aceptar las posibilidades que se me revelan. De esta forma, como campo fértil estaré disponible para la siembra de Dios.

Las cosas que han llegado a ser,
cambian continuamente.
AUGUSTO ROA BASTOS

❁❁❁

A medida que nos movemos para abarcar nuevas perspectivas, no se nos pide que abandonemos a quienes amamos. Cuando la vida me impulsa hacia delante, a un nuevo empleo, a un nuevo hogar, a una nueva relación, no necesito cerrar mi corazón a todo aquello que ha tenido lugar antes, porque mi corazón es una valiosa vasija, ya que contiene las riquezas obtenidas de mis aventuras de vida. Éste deja suficiente espacio para reunir otras riquezas. Me muevo a lo largo de la vida como un comerciante, que trae regalos a aquellos que encuentro dejándolos enriquecidos por los regalos que ellos me dan. La vida es siempre generosa y venturosa, si abro mi corazón a las nuevas tierras que se me ofrecen. Como si fuera un navegante espiritual, debo levantar la vela de la fe y permitir que el viento del destino me lleve hacia delante.

❁*Hoy, doy la bienvenida a los vientos del cambio, para cooperar con las nuevas experiencias que llegan a mi alma.*

Hay sonidos distintos en cada estación.
Hay sonidos peculiares de cada lugar,
y para cada momento de la vida de uno.
ALISON WYRLEY BIRCH

❀❀❀

Siempre hablamos de desear vidas "plenas de sonido" sin darnos cuenta de lo que significa esta frase. Al concentrarme en el sonido de mi vida, puedo cambiar o mejorarla. ¿Cuál es el tono de mi voz? ¿Cuál es el tono de mi ambiente? Cuando me enfoco en el botón del "tono" de mi vida, puedo producir armonía. Mi voz, la música que elijo, incluso el tono de mis plegarias, todos son factores que contribuyen a que mi vida sea "plena de sonido" o "sólida".

❀ *Hoy, vivo amable y armoniosamente, para dar voz a la alabanza, a la gratitud y a la curación.*

Todo lo que se necesita para hacer que este mundo sea mejor lugar para vivir es el amar, así como amó Cristo, como amó Buda.

ISADORA DUNCAN

❁❁❁

No interactuamos al azar. Estamos en la vida de los demás por razones espirituales. Tenemos "asuntos" unos con otros. Al elegir conscientemente enfocarme en por qué conocí a alguien, en cómo puedo servir y hacer crecer al otro, traigo a cada encuentro una mayor conciencia. Como pido amar todo y servir a todos, concedo mis dones espirituales y promuevo los dones de los demás. La gracia llena cada momento cuando estamos realmente presentes. Algunas veces transitamos por las vidas de los demás como por benévolos planetas.

❁*Hoy, pido ser una presencia amorosa, que se ensancha para aquellos a quienes conozco, por lo que me ofrezco como un conducto amoroso para que el bien del Universo se mueva a través de mí, y todo lo que encuentre sean bendiciones.*

El poder espiritual puede ser visto en la reverencia que hace una persona ante la vida, la suya y la de todos los demás, incluyendo la naturaleza y los animales, con el reconocimiento de una fuerza vital universal conocida por muchos como Dios.

VIRGINIA SATIR

La unidad carga toda la vida. Una energía nos conecta a todos, uniendo alma con alma y corazón con corazón. En cualquier momento o lugar, puedo ir y sentir un vínculo con la vida en su totalidad. Como seres espirituales, somos vastos y misteriosos, pues el corazón es generoso y tiene una gran capacidad. El corazón alcanza más allá y puede abarcarlo todo, pues puede contener amores lejanos y amar a pesar de la geografía.

Hoy, mi corazón mantiene cerca a todos mis seres amados a pesar de la distancia que hay entre nosotros, porque está pleno de conexiones, además de que vivo con el conocimiento de la tierna red que nos sostiene a todos en su abrazo.

La influencia de un carácter hermoso,
esperanzado y acomedido es contagiosa,
y puede revolucionar al pueblo entero.
ELEANOR H. PORTER

Mi corazón es un pequeño pueblo que da la bienvenida a aquellos que entran, para poder elegir ser abierto o estar cerrado para aquellos a quienes conozco. De esta manera mi actitud determina el calibre de nuestras interacciones, para elegir conscientemente un corazón abierto y traer al mundo un lugar en el que pueden tener espacio las interacciones dinámicas y curativas. Si bien soy un alma sola, ésta es una brillante linterna. Me convierto en medicina para todo lo que encuentro. También me curo con el bálsamo de un corazón abierto. En lugar de disminuir mi importancia al decir "Estoy solo", prefiero ser un instrumento útil para propiciar un mundo mejor. Conscientemente me alineo con el bien mayor, pidiendo siempre ser guiado y recibir poder. En mi familia, mi negocio y mi comunidad, trabajo para hacer de esta Tierra un mejor lugar. Así, un corazón hospitalario.

❁Hoy, saludo a la vida con una mente abierta, maravillado y lleno de curiosidad, para ofrecer un interés respetuoso así como atención para todo. También saludo a la sabiduría, a la dignidad y la gracia de aquellos a quienes encuentro.

Es bueno tener un final para el viaje; pero al final, es el viaje el que importa.

URSULA K. LEGUIN

❀❀❀

Mi vida es fructífera y abundante. Al igual que la tierra que tiene sus ciclos y estaciones, también nuestras vidas tienen momentos de siembra, de crecimiento, y de cosecha. Gran parte de mi frustración viene de mi negativa a aceptar las estaciones de la vida de la forma en que llegan a mí. Un adolescente entra en un periodo de rebelión. Esto es necesario para su maduración. Un proyecto a medias apenas está por surgir y está incompleto. También esto es necesario. Un matrimonio llega a un momento en que es propicio el crecimiento y las trayectorias individuales a medida que cada miembro de la pareja persigue intereses particulares. Aunque esto parezca inquietante, siempre es saludable. No todas las estaciones gozan del sereno sol, aunque cada una tiene su lugar. Cuando se me pide que me ponga de acuerdo con los ciclos de la vida, siento que desaparece mi ansiedad. Por eso, descanso en la fe de que todo se presenta de acuerdo con el momento preciso. Estoy donde debería estar y alerta al bien cada momento.

❀*Hoy, acepto las disposiciones divinas, para permitir que el ritmo del Universo sea el mismo que el mío. También me alineo con el tiempo de mi vida precisamente a medida que ésta se desenvuelve.*

Si quieres la verdad, te diré la verdad.
Amigo, escucha: el Dios que yo amo está dentro.
KABIR

❀❀❀

Una vida, un amor, una energía corre a través de toda la creación. Esta vida es el Espíritu, un río interno en el que uno puede entrar en cualquier momento. Al saber esto, somos guiados por la divinidad todo el tiempo. En cualquier lugar, en cualquier circunstancia, la Voz Interna tiene claridad y dirección para mí, siempre y cuando la busque. Con frecuencia se trata sólo de un acto de concentración, el cual hace que participe más el sentido de dirección. Cuando los eventos externos me empujan con su velocidad y turbulencia, debo volverme hacia mi interior buscando percepciones más profundas.

❀*Hoy, libero la urgencia de los eventos externos, para escuchar el ritmo interno de Dios. También acoplo mi paso a la guía divina. El mundo y sus saturadas agendas no controlan mi alma. Mi alma descansa en Dios: una dirección buena y tranquila.*

La vida se mide por la rapidez del cambio.

GEORGE ELIOT

❀❀❀

Con frecuencia la vida es turbulenta, así como los rápidos y remolinos de los acontecimientos del día pueden empujar nuestra conciencia como pequeñas manos. Pero, debajo de la turbulencia de la vida cotidiana, existe un pulso más grande y más lento con un tiempo perfecto. A ese ritmo le entrego mi alma. Escucho debajo de la turbulencia de la vida diaria y me abro a la guía de fuerzas superiores. Me permito encontrar el tiempo que esté más a tono con mi desarrollo personal.

❀*Hoy, actúo y reacciono con un sentido de una visión más amplia, de las metas verdaderas, para asegurarme que el ritmo de Dios es el mío propio y que está al servicio de mis mejores intereses.*

Gran parte del cambio que pensamos que vemos en la vida se debe a las verdades que están adentro o afuera del favor.

ROBERT FROST

❀❀❀

Somos evolutivos y revolucionarios. En cuanto crecemos y nos desarrollamos, cambian nuestras identidades internas. Algunas veces, las circunstancias externas se mueven con mayor lentitud. Las viejas formas e imágenes cubren la verdad que surge. Cuando esto ocurre, con frecuencia nos sentimos frustrados, viendo a los demás con una mirada fresca a medida que ellos, también, crecen y evolucionan. La verdad de quién somos y quiénes son nuestros amigos debe permitir la redefinición permanente. El respeto por los cambios en mí mismo y en los demás profundiza y enriquece el jardín de la amistad.

❀*Hoy, me tomo el tiempo para mantener a mis amistades y conocidos al corriente de los cambios en mi vida interna y también para comunicar en forma clara y abierta. Entonces dejo tiempo para que la gente se ajuste a las formas en que he cambiado. De ésta forma me ajusto al cambio en los demás.*

Cualquier cosa que recibas, de dondequiera que venga, aprecia el deseo de devolverla en todo lo que vale.

SWAMI CHIDVILASANANDA

❀❀❀

Algunas veces, incluso en medio de una vida ocupada y llena de gente, estamos atrapados por la soledad. Deseamos ser comprendidos, tener una sensación de una compañía profunda y entrañable. Si sólo pensamos, entonces tengo alguien con quien podría compartirme internamente en todos los niveles. Si sólo tuviera una compañía honesta... En esos momentos, debemos buscar la forma en que siempre estamos perfectamente emparejados, resguardarse cuidadosa y profundamente para ser guiados por el mismo Universo ya que éste nunca nos abandona. Por eso, siempre hay un acoplamiento perfecto, un acercamiento constante y continuo hacia cada uno de nòsotros.

❀*Hoy, me recuerdo que a pesar de mi soledad, no estoy solo, porque vuelvo mi atención al acoplamiento único que me llega desde diferentes fuentes. Además de aceptar la compañía de un Universo interactivo, porque estoy con amigos.*

Con un ojo tranquilo por el poder de la armonía,
y el profundo poder de la alegría,
vemos el interior de la vida de las cosas.
WILLIAM WORDSWORTH

❀❀❀

La vida moderna puede ser peligrosa e inestable. Nuestras vidas pueden parecer precarias y caóticas, al estar separadas de un sentido de desarrollo natural. Tanto los negocios como los ocios nos pueden distraer de la tarea de fluir a un nivel más profundo. Es posible que nos sintamos sólo como los rápidos de un río y no como las aguas que lo nutren. En los momentos de tal estrés y ansiedad, busco un fundamento más firme que el inestable flujo de los eventos externos. Como un árbol golpeado por el viento, encuentro mis raíces en el profundo suelo de mi vida espiritual. Mis raíces son fuertes y me nutren, porque me traen sustento y apoyo.

❀*Hoy, me arraigo a la tierra, para conectarme con las estaciones y los ciclos de la vida, la gran rueda de la naturaleza que nos sostiene a todos. Rebaso mi vida cotidiana, dando a mi alma la gracia que subyace a todas las cosas. De esta manera me arraigo a la vida misma.*

No suenan las trompetas cuando se toman
las grandes decisiones de nuestra vida.
El destino se llega a conocer en silencio.
AGNES DEMILLE

❁❁❁

La vida florece y es generosa a pesar de la sequía, la duda y la desesperación. Los reinicios son sutiles y en mi dolor e impaciencia a menudo puedo observar los brotes de un fresco crecimiento que se abre camino tenazmente a través de los tiempos difíciles. Se requiere de una atención alerta para reconocer y apreciar las pequeñas ganancias en los tiempos de adversidad. Conscientemente elijo enfocarme en el gentil crecimiento de lo bueno, para ver mis avances y ofrecerme el honor a mi tenacidad, mi flexibilidad y mi fe.

❁*Hoy, abro mis ojos a mis propios avances para reconocer y brindar por mi valor. De esta manera aplaudo mis pequeños logros y me ofrezco compasión por ser un proyecto en proceso.*

Tendemos a pensar que lo racional es un orden superior, pero es el nivel emocional en que hace nuestras vidas. Con frecuencia, uno aprende más de diez días de agonía que de diez años de satisfacción.

MERLE SHAIN

❀❀❀

Algunas veces el cambio es repentino y catastrófico, ya que la vida, como la conocemos, es transformada de manera abrupta. Tenemos un terremoto en el corazón tan fuerte que el paisaje nunca volverá a ser el mismo. En los momentos de caos repentino, el alma encuentra su sitio en lo eterno. Se vuelve instintivamente hacia Dios, aunque éste reciba otros nombres. Se sostiene un oído agudo para escuchar mejor mientras el alma se entona. Esta forma de escuchar profundamente es una respuesta tan natural y automática como la respiración.

❀ *Hoy, escucho con lo más profundo de mi corazón, porque estoy alerta y receptivo a la guía que toma muchas formas y formatos. En cuanto abro mi atención a un rango más amplio de claves, descubro que me guían y me guardan. Mi corazón está anclado en los mares espirituales. Sin embargo sobrevivo, aun cuando se levantan y pasan las tormentas.*

...eso es lo que significa aprender.
Repentinamente comprendes algo que
habías comprendido toda la vida,
pero de una nueva forma.

DORIS LESSING

❀❀❀

Un cambio en la percepción puede ser tan radical como encender las luces en un cuarto oscuro. De pronto vemos lo que no podíamos ver antes. Nuestros ojos se abren y nuestro sendero se aclara. Estas intromisiones en la claridad puede ser impactante y hasta dolorosa. Ahora lo que vemos es la incómoda verdad, por lo que debo cambiar para acomodar mi inquietante visión. Además debo aceptar lo que había negado durante tanto tiempo. En los momentos de este inminente despertar, debo ser paciente y amable con mi sorprendido yo. La claridad es la piedra angular de una vida honesta. Lo que estoy construyendo son los cimientos.

❀*Hoy, enfrento las verdades difíciles con amabilidad y resolución, pues abro mis ojos para enfrentar lo que no podía confrontar. Al recordar que la visión trae reflexión, invito a la luz del espíritu a iluminar mi vida.*

Mi vida escucha a la tuya.
MURIEL RUKEYSER

❀❀❀

El mundo está poblado por viajeros por lo que a medida que avanzamos a través de nuestros obstáculos, con frecuencia nos olvidamos de aquellos que viajan a nuestro lado. Aun cuando abrimos nuestros corazones a las aventuras y a las adversidades de otros, se ilumina nuestro propio viaje. Aquellos que viajan junto a mí son mis maestros pero también a ellos les enseño yo.

❀*Hoy, vuelvo mi atención a las vidas de los demás, pues abro a la danza interactiva de nuestras vidas que se entrecruzan. Alerta y atento, aprendo de quienes me rodean. Enfático y comprometido, les enseño lo que yo he aprendido. El nuestro es un viaje de corazones compartidos. Levanto la linterna de la camaradería.*

La imaginación siempre ha tenido poderes de resurrección que ninguna ciencia puede igualar.

INGRID BENGIS

❀❀❀

Mucha de la vida moderna es estresante y llena de contrastes, porque es caótica y perturbadora en la frecuente turbulencia y velocidad del cambio. Mantener el sentido de calma y del flujo es una meta elusiva a la que se llega suavemente manteniendo una práctica espiritual entre el bullicio de nuestras vidas seculares. La práctica espiritual es fundamental para mi sensación de bienestar. Nada tiene precedentes sobre el desarrollo de mi alma. Tomo el tiempo y hago el esfuerzo para llegar al fondo de mí mismo en un nivel espiritual a lo largo del día.

❀*Hoy, me tomo el tiempo necesario para practicar la reflexión espiritual. Aparto algunos momentos para realizar una contemplación tranquila. Vuelvo mi atención hacia adentro, a un centro tranquilo en mi corazón. Ahí, en la pradera de la quietud, me detengo para refrescar mi espíritu.*

El ayer del hombre tal vez nunca sea como su mañana; nada dura tanto como la mutabilidad.

PERCY BYSSHE SHELLEY

❁❁❁

Los más viejos caminan delante de nosotros. Los jóvenes vienen detrás. La nuestra es una caravana de conciencia. Las arenas del Espíritu cambian bajo nuestros pies a medida que avanzamos juntos hacia el futuro que todos estamos construyendo. La nuestra es una aventura de elección y colectiva. Nos sumamos al todo a través de nuestra humanidad que participa con toda conciencia. Por esta razón, cada uno de nosotros es importante e indispensable. Como elijo actuar e interactuar, de manera amable y generosa, mi mundo se vuelve más amable y más generoso.

❁ *Hoy, asumo una visión más amplia, para observar mi lugar en el gran esquema de los eventos humanos.*

Lo que la mayoría de nosotros queremos
es ser escuchados, comunicarnos.
DORY PREVIN

❀❀❀

Cuando nos comprometemos profundamente con otros, nuestros cambios con frecuencia llegan al ocio, resultado de los cambios de ellos. Cuando una esposa o un hijo pasa por una gran pérdida, nosotros también lo sentimos. Cuando un ser querido tiene grandes éxitos, su temida incertidumbre, su dolorosa inseguridad y grandiosidad jubilosa también la enfrentamos nosotros. Incluso, arraigados como estamos en nuestra propia individualidad, aun cuando vivimos en comunidad y conmiseración con aquellos que amamos. Con frecuencia nuestro amor es un refugio cuando nuestros seres queridos están necesitados. Algunas veces servimos tanto como un lugar amoroso así como personas.

❀*Hoy, me arraigo en mi propia vida pero ofrezco sombra y abrigo para aquellos a quienes amo, pero estoy atento, y no sólo reacciono a sus necesidades y requerimientos, sino que respondo a ellos, por eso abro mi corazón para albergar los suyos y sus sueños dentro de los míos. Me considero lo suficientemente amplia para ocuparme de las cosas pequeñas que son grandes para otros.*

. . . El amor es un gran embellecedor.

LOUISA MAY ALCOTT

❀❀❀

El advenimiento de una nueva vida también trae un nuevo nacimiento a nuestra conciencia. Nos metemos en zapatos nuevos, caminando con gran cuidado y conciencia a medida que conducimos una nueva vida entre nosotros. Nacemos muchas veces en una misma vida. Cuando elegimos ser hechos de nuevo como una persona mayor que nutre a los demás, asumimos cualidades que pertenecen a esta nueva función. También, descubrimos que somos más pacientes, más observadores y que disfrutamos más los pequeños pasos. En cuanto aceptamos esta nueva faceta, abrimos nuevas dimensiones en nosotros mismos, por lo que nos convertimos en cuidadores de los niños de afuera y de dentro de nosotros a medida que aceptamos la invitación a amar y a reír, a llorar y preocuparnos, a alimentar y nutrir a la aventurera alma que está en nuestro centro.

❀*Hoy, me comprometo con un nuevo amor, para abrir mi corazón a su llegada y darle la bienvenida al niño que me hace ser una persona mayor y recordar el que soy yo.*

La gente necesita alegría, así como vestirse. Incluso algunos la necesitan más que eso.

MARGARET COLLIER GRAHAM

❀❀❀

Los animales nos aman con corazones constantes. Con frecuencia nos ofrecen alegría pura, que es un lugar para amar con sencillez y pureza. De ahí que al cuidar de nuestras mascotas, damos estructura a nuestras vidas. Por eso, sus necesidades habituales se convierten en nuestros hábitos relajantes. Sacamos a pasear al perro pero es el perro el que nos pasea. Tener una mascota en nuestras vidas le agrega riqueza y calor. Perder una mascota es como perder un amigo irremplazable, la compañía plena de recuerdos. Nuestras mascotas son nuestro valor y nuestro testigo. Dulce y suavemente alegran nuestros días.

❀*Hoy, aprecio más la compañía de mis animales, por lo que me considero afortunado por el tiempo que paso en su presencia. Además saboreo la conexión de la vida con la vida y del amor con el amor. Por eso celebro el vínculo de nuestro afecto.*

La belleza es una de esas raras cosas
que no llevan a dudar de Dios.
JEAN ANOUILH

❀❀❀

No estamos definidos ni limitados por las cosas que poseemos, sin embargo, apreciamos ciertas pertenencias; así como el placer que éstas traen a nuestras vidas. Un buen auto, una pluma bien calibrada, el pisapapeles de cristal que atrapa la luz del sol, la almohada bordada, el delicado florero, la taza favorita para el café, todas estas cosas nos llevan a lo largo de nuestros días, reconfortándonos con su similitud acogedora. La pérdida de un objeto preciado –la taza de té de la abuela que se rompe, el suéter favorito que se pierde en la lavandería– puede ponernos tristes e inquietarnos. Nuestro sentido de continuidad se puede tambalear y nos lamentamos.

❀*Hoy, aprecio el flujo de los objetos hermosos a lo largo de mi vida, por lo que me tomo el tiempo para honrar las asociaciones que éstos me producen. Además, me detengo y recuerdo las circunstancias que me evocan. También, saboreo el lugar que ocupan en mi paso por la vida.*

Sólo necesitas reclamar los eventos de tu vida para hacer que tu ser sea tuyo.

FLORIDA SCOTT-MAXWELL

❀❀❀

Alteramos nuestras vidas por la opinión que tenemos de ellas. Si nos consideramos dignos de cariño, también podremos darlo, por otro lado, podemos cambiar nuestras vidas al modificar nuestras percepciones. Asimismo, podemos identificar aquellas tramas y patrones que deseamos alterar. Además de que es importante tener la facultad para hacer un escrutinio personal, igualmente lo es tener el don para apreciar lo que somos. Aparte, podemos identificar y apreciar aquellos rasgos de carácter que son nuestras fortalezas. Reconozco y aprecio mis propios logros y talentos. De esta forma, me doy cuenta cuando hago bien las cosas y me aplaudo por mis méritos. Esta apreciación personal no es un mero narcisismo. Es la piedra angular de una sólida autoestima.

❀*Hoy, llevo un inventario positivo de mis haberes, ya que tomo en cuenta mis propias virtudes. Además me percato de lo que valgo y construyo mis asuntos sobre esos valores. De esta forma, me convierto en la persona que deseo ser.*

No puedes pararte dos veces en el mismo río;
pues son distintas las aguas que corren hacia ti.
HERÁCLITO

❀❀❀

El mundo es vasto y variable, al igual que nuestra dieta, que debe ser variada y suculenta para tener una salud óptima. Así, los ritmos de nuestros días deben tener variedad y tiempos distintos, de modo que podamos apreciar la musicalidad de la vida.

❀*Hoy, conscientemente decido la velocidad que tendrá mi día, para prestar atención alerta al tiiempo del desarrollo de la vida. Por eso, disfruto el pulso de la vida, la vitalidad de la acción y la paz del reposo. "Descanso" es un término musical y saboreo los momentos tranquilos de mi día, las estaciones sutiles de mi vida así como aquellos instantes impregnados con el drama y la urgencia. De esta manera, yo soy una sinfonía de muchos humores, de los cuales acepto todos.*

Uno escribe una novela para descubrir la razón de escribir. Lo mismo pasa con la vida: vives no para un fin, sino para saber por qué vives.

ALBERTO MORAVIA

❀❀❀

La vida es una maestra constante y paciente, que da lecciones que nos llegan y regresan a nosotros para alcanzar la maestría. Por esa razón, cuando reconocemos y apreciamos nuestros logros, disminuimos nuestras pérdidas. De ahí que, al concentrarnos en nuestras fortalezas, nuestras debilidades se desvanecen y logramos el terreno sólido para la acción adecuada. Así que toda vida es una mezcla entre pérdidas y ganancias. Mientras elijo reconocer lo negativo, mientras me concentro en lo positivo, adquiero un lugar firme de la realidad. Al permitir mejorar sin esperar la perfección, soy un proyecto en preparación. También, al asumir mi voluntad de aprender así como una atención a las lecciones ya aprendidas, me descubro saludable y humilde. Tengo la talla correcta y la mente adecuada, para que me invada un optimismo flexible.

❀*Hoy, elijo practicar una atención alerta hacia las lecciones que la vida me da, porque consciente y sabiamente lucho para ver mis opciones. Así, evito los errores del pasado, para actuar en forma decisiva aunque con discreción. Por eso soy un estudiante de la vida.*

El cambio engendra cambio.
Nada se propaga más rápido.
CHARLES DICKENS

❀❀❀

Una vida abundante mezcla la continuidad y el cambio. Por eso, descansamos seguros en nuestro pasado mientras sumamos los elementos de nuestro futuro. Algunas veces el cambio nos llega desde fuera pero con mucha frecuencia somos nosotros mismos quienes echamos a andar el cambio. Tomamos las lecciones del principiante que dan frutos en una actividad que se ramifica. Vaciamos los retacados roperos con el fin de dejar lugar para lo nuevo. A medida que me concentro en cada día, tomando las acciones pequeñas y necesarias para su mejor desarrollo, construyo los movimientos más grandes de mi vida. Al igual que en la música, los grandes cambios son producidos por pequeñas notas.

❀*Hoy, aprecio lo que tengo mientras sumo pequeñas notas de lo que quiero. También aprecio la continuidad de los amigos, el trabajo y los intereses mientras busco la fermentación de nuevas personas y actividades novedosas. De esta forma permito que el cambio sea para mí y a través de mí. Me arraigo a lo viejo, pero también me abro a lo nuevo.*

Estamos conformados y modelados

por lo que amamos.

JOHANN WOLFGANG VON GOETHE

El deseo es un compás de las direcciones de nuestras vidas. En cuanto tenemos más claridad de lo que queremos, nos permitimos anhelar, para convertirnos en conductos para que el Universo actúe sobre nosotros y a través de nosotros. Por eso, mi deseo es una plegaria impresa en el corazón de Dios. Mi apertura es la voluntad de recibir. Mi valor es la fe para actuar sobre lo que recibo, permitiendo que las bendiciones fluyan hacía mí desde diferentes fuentes.

Hoy, admito mis deseos, para aceptar el sendero que me sugieren. Si sólo doy un paso a la vez, me muevo en la dirección de mis sueños. También estoy alerta a mis sueños que se mueven hacia mí. Acepto el movimiento hacia delante del deseo de mi corazón. Por eso permito que el Universo responda mis plegarias para agradecer el apoyo y abundancia que recibo.

El tempestuoso mar de la libertad

nunca está sin una ola.

THOMAS JEFFERSON

❀❀❀

La vida se desenvuelve con vastos paisajes y escondidos valles. Algunas veces veo la forma de mi futuro que se sacude como si fuera una gloriosa tela de seda. En otras ocasiones, mi futuro se me oculta, pero me muevo hacia delante pleno de fe, y sin el don de la visión. Esta realidad alternada de grandes y pequeños golpes es normal para la mayoría de nosotros. Ocasionalmente, sabemos algo muy grande y se nos da la claridad para poder actuar con base en ese conocimiento. Ésta es la mujer con la que debería casarme... éste el empleo que quiero...debería mudarme hacia el oeste... éste es mi amigo nuevo pero importante... Estos saberes son especie de pivotes y sabemos cómo valorarlos. Otras veces, los saberes nos llegan para aventuras más pequeñas y sutiles. Pero puedo alterar el patrón de mi vida diaria y ver un nuevo rostro a mi alrededor. Reacomodo los muebles de mi casa y descubro un uso más productivo del espacio que tengo. Estos aspectos son también parte importante de la vida.

❀*Hoy soy guiado de formas grandes y pequeñas, para pedir visión y claridad, además de y recibir lo suficiente para manejar mi vida. Por eso acepto mis diferentes formas de saber. Asimismo, aprecio los instantes en que tengo una clara visión así como mis momentos en que simplemente debo tener fe.*

La vida nos urge desde dentro . . .
WILLA CATHER

Mi vida nunca es aburrida, nunca está sin riquezas ni regalos. En los momentos más difíciles de la vida, debo recordar, recuerdo que no todo crecimiento se puede ver. El invierno guarda la promesa de la primavera. Incluso el frío lleva el embrión del calor que se avecina y que guarda en su corazón congelado.

Hoy, veo las apariencias decepcionantes del pasado. Porque me concentro en el bienestar que germina lentamente dentro de mí, por eso yo confío.

Un amigo puede muy bien ser considerado como una obra maestra de la Naturaleza.
RALPH WALDO EMERSON

❀❀❀

El nuestro es un planeta compartido. Con frecuencia el espíritu con el que damos, determina el que recibimos. A medida que tomamos la decisión de ser amables y hospitalarios, notamos un cambio en los demás que nos brindan una mayor hospitalidad. La clave para habitar un mundo más amigable es tomarse el tiempo y el cuidado para lograrlo. Para eso tomo pluma y papel y envío una nota a un amigo que está lejos. Me detengo para hacer un cumplido a un extraño porque tiene un hermoso perro. Le hago un comentario a la mesera sobre su excelente servicio.

❀*Hoy, actúo desde mi corazón, porque me estoy tomando unos segundos más para ser cálido y amable con aquellos que encuentro.*

Estar vivo significa ser productivo, utilizar los propios poderes no para un fin que trascienda al hombre, sino para uno mismo, para darle sentido a la propia existencia, como ser humano. Mientras todos crean que su ideal y objetivo está fuera de ellos mismos, esto es, por encima de las nubes, en el pasado o en el futuro, saldrán fuera de sí mismos a buscar la satisfacción donde no puede encontrarse. Buscarán soluciones y respuestas en cada punto excepto en el que pueden ser encontradas dentro de ellos mismos.

ERICH FROMM

Cuando nuestras prioridades están en or-den, nuestras vidas fluyen con un sentido de tran quilidad. A menudo, el solo acto de poner orden y reconocer nuestras prioridades parece ser la clave del Universo para apoyarnos en nuestras metas. Cuando nuestra propia casa está en orden, los eventos externos parecen reforzarla . Ahora aparece lo que sabemos que necesitamos.

Hoy, tengo claridad en mis metas y mis agendas, porque estoy concentrado y persigo mis metas con una fuerza moderada. A medida que avanzo estoy alerta a las opciones y oportunidades que se abren ante mí. Por eso soy la flecha del deseo que vuela segura hacia el blanco.

Danos gracia y fortaleza para tener paciencia y perseverar. . . danos valor. . . y una mente en paz. . .

ROBERT LOUIS STEVENSON

❁❁❁

Nuestras penas nos aíslan, pero nuestros arrepentimientos nos llevan a guardar secretos. No obstante, el corazón herido está reacio a mostrarse, temeroso en su vulnerabilidad de ser lastimado de nuevo. Por eso el gran misterio es que al conectarnos estamos protegidos y en la apertura encontramos nuestro escudo. El alma es un campo de pastos al viento, acariciados por el sol o por la nieve. De esta manera, al compartir nuestras penas disminuimos la carga, entonces nuestros secretos nos traen paz y tranquilidad.

❁*Hoy, salgo de mi aislamiento para comunicarme con alguien en quien confíe. Dejo a un lado mis defensas y permito que mi corazón sea visto sin sombras dejadas por los secretos o las penas. A medida que revelo mi ser, soy visto y aceptado; protegido y curado.*

Sigue creciendo silenciosamente y con seriedad a través de tu total desarrollo

RAINER MARIA RILKE

❀❀❀

Aunque el cambio sea para bien, no deja de ser un cambio. Con frecuencia hemos acariciado un sueño que baila inquietante lejos de nuestro alcance. Pero cuando repentinamente ese sueño es nuestro, es posible que descubramos que debemos trabajar para disfrutarlo, ser consciente de disolver nuestras emociones obnubiladas y permitirnos la sensación de que nuestro éxito es real. Además el momento que tanto habíamos esperado ahora está a la mano. Con frecuencia nuestros amigos están tan perdidos como nosotros. Ellos, también, no saben cómo comportarse. Por eso debemos practicar con un corazón que sabe perdonarnos a nosotros mismos y a otros cuando nos toca ocupar el primer plano. De esta forma, debemos buscar a aquellos que pueden amarnos antes, durante y después.

❀*Hoy, me detengo para disfrutar mi éxito, para tratarme con cuidado sabiendo que soy tan vulnerable como victorioso.*

Si puedes mantener la cordura cuando
todos los demás a tu alrededor están
perdiendo la cabeza y te culpan a ti...
Tuya es la Tierra y todo lo que
en ella se encuentra.

RUDYARD KIPLING

❀❀❀

La decepción puede oscurecer nuestro paisaje emocional como un día nublado. Nuestros espíritus se apagan, con una niebla gris se nos mete y oscurece las señales que nos marcan la serenidad y la seguridad. La depresión se cuelga de todo. Nada parece tener valor, por lo que es necesario practicar un optimismo determinado y pragmático frente a la decepción. No alertarte, debemos actuar en lugar de reaccionar, dando pequeños pasos concretos para modificar nuestro humor. Algunas veces necesitamos el reto de asumir un mayor proyecto. Para eso hay que revisar mis archivos, ordenar mi biblioteca y tomar una vigorosa caminata diariamente durante un mes. Algunas veces es tan simple como comprar flores frescas o un montón de fresas, o tomar un refrescante baño. Algunas veces es hacer una llamada a un amigo vivaz y simpático. Siempre hay una forma concreta, aunque pequeña, de actuar en tu favor. El mundo puede decepcionarnos pero nosotros podemos elegir no decepcionarnos a nosotros mismos.

❀Hoy, yo actúo con un flexible optimismo, para tratar exactamente cómo deseo que me traten. Me amo a mí mismo y me respeto. Soy el tipo de persona que yo respeto y admiro.

Ninguna tarea es más urgente que aquella de devolver las gracias.

SAINT AMBROSE

❁❁❁

La vida consciente invita al ritual, los tiempos sagrados y las transacciones que construimos en nuestra vida diaria. Un ritual puede ser encender una pequeña vela durante nuestras comidas, escuchar nuestros agradecimientos a la hora de acostarnos o hasta sacar a pasear al perro. Un ritual puede ser tan humilde como la escritura semanal de tarjetas postales a nuestros amigos. Estos rituales habituales, repetitivos y tranquilizantes se convierten en las piedras fundamentales de nuestros días, pues nos ofrecen una amable estructura en momentos de cambio. Imprimimos sentido a los rituales y ellos nos devuelven también un sentido.

❁*Hoy, conscientemente consagro una pequeña acción al sentido de lo sagrado en mi vida, pues honro a mi propio desarrollo con una atención que se acerca a la plegaria, de mi propio camino. Además, conscientemente vinculo lo sagrado con los aspectos profanos que unen mi vida.*

¿Para qué estamos en la Tierra si no es para crecer?

ROBERT BROWNING

❁❁❁

Es probable que la puerta hacia el futuro se atore cuando tratemos de abrirla. No todas las transiciones son sencillas o amables. Algunas veces nos hemos quedado sin pasado antes de que nuestro futuro esté preparado. Quedamos atrapados en el corredor de en medio, un limbo que se siente raro e incómodo. En momentos como éste debemos practicar el arte de la contención. Muy pronto se mostrará el futuro ante nosotros, la puerta se abrirá y el camino será claro. Mientras tanto, podemos considerar la distancia que hemos recorrido, las lecciones que hemos aprendido y los capítulos que hemos cerrado. Al detenernos para apreciar nuestro crecimiento, nos descubrimos más relajados y menos inquietos. La rueda dará vueltas y nos recogerá.

❁*Hoy me detengo para ver cuánto tengo, porque igualmente cuento y aprecio mis ganancias. Además descanso antes de seguir adelante, para saborear el viaje que he tomado y la distancia que he recorrido.*

Aprende a desear que todo llegará a ocurrir exactamente como es.

EPICTETO

❁❁❁

Nuestro paisaje emocional a veces se vuelve rocoso. Por eso sentimos los profundos abismos de la soledad, y las barrancas con eco de la desesperación. No importa cuánto gritemos, sólo escuchamos nuestras propias voces. Nuestra autocompasión se amplifica. Nos encontramos ahogándonos en el mar de nuestro propia decepción. "¿Dónde está Dios?" Nos preguntamos amargamente. "¿Cómo pudo Dios permitir que esto me ocurriera a mí?" "Esto", también les ha pasado a otros. No hay pena que la estemos sufriendo solos.

❁*Hoy, asumo mi humanidad, para sentir mis emociones pero tampoco permito que me aíslen. Pero he llegado a otros y a mí misma con compasión y humildad. Me rindo al río de la vida.*

Hago lo mejor que sé, lo mejor que puedo.
ABRAHAM LINCOLN

❀❀❀

Soy un peregrino y aprecio mis logros. Por eso, al terminar un gran proyecto nos coloca en un lugar de triunfo y de pesar. Con éxito hemos logrado nuestro sueño y ahora ese sueño, que nos acompañó durante tanto tiempo, debe dejar lugar a diferentes sueños. De ahí que haya entusiasmo y pérdida en esta eventualidad. Pero mi dignidad requiere que enfrente ambos sentimientos, aceptando la "ganancia" de un proyecto que concluye y la pérdida de una meta largamente acariciada.

❀ *Hoy, celebro mis logros incluso cuando reconozco mis sentimientos vulnerables de haber terminado, para saludar como un proyecto en preparación y reconocer tanto el largo camino recorrido como el que todavía queda por delante.*

Para bien y para mal, el hombre es un espíritu creativo en libertad.

JOYCE CARY

❀❀❀

Algunas veces el amor en particular se nos niega. Pero aquél a quien hemos elegido prefiere a otra persona, nos hace sentir abandonados y traicionados. Hay una fuerte atracción hacia la amargura, estamos tentados a generalizar nuestra herida. "Todos" los hombres o "todas" las mujeres son el problema, los infractores, pero este no es el caso. Simplemente fui herido y mi herida, aunque dolorosa, sanará.

❀*Hoy, elijo cooperar con mi curación, en lugar de solazarme en la autocompasión, para buscar ayuda y apoyo para ofrecerles esas cualidades a otros. Mientras me siento rechazado por mi amada, no necesito rechazarme a mí mismo y no necesito cancelar mi propia capacidad de amor. Incapaz de amar plenamente a quien he elegido, prefiero amar plenamente a quienes puedo.*

Dos son mejor que uno; porque tendrán una buena recompensa por su trabajo. Porque si caen, uno levantará a su compañero. Pero, ay de aquel que está solo cuando cae, porque no tendrá quién lo ayude a levantarse. Entonces si dos duermen juntos, tendrán calor: ¿pero cómo puede calentarse uno solo?

ECLESIASTÉS 4:9-11

❀❀❀

Vivimos la vida en comunidad. Los acontecimientos celebrados por aquellos que amamos también nos pertenecen. Un niño se gradúa y así, en cierto sentido, lo hacemos nosotros. Una esposa cambia de empleo y nuestro empleo sirve de apoyo para los cambios de la esposa. Las emociones fuertes y turbulentas pueden surgir en el paso por la vida de otra persona. Lloramos al entregar a la novia. Un bautizo o un *bar mitzvah* nos llena de orgullo y nos da un sentido de continuidad significativa.

❀ *Hoy, reconozco y celebro los eventos importantes en las vidas de aquellos a quienes amo, pues me tomo el tiempo y hago el esfuerzo de comunicar mi alegría a su paso. Por esta razón abro mi corazón a la empatía y a la simpatía, compartiendo gustosamente las alegrías y las penas de mis seres amados.*

¡Mueve tu sillón y cambia tu vida!
KAREN KINGSTON

❀❀❀

Cuando cambiamos nuestro espacio vital, estamos modificando nuestras vidas. Así, cuando nos tomamos el tiempo para poner orden y nutrir nuestros ambientes, traemos a nuestras propias vidas un sentido de flujo ordenado. Por eso, un hábitat caótico y desordenado crea hábitos caóticos y desordenados. Sin embargo, hoy busco un orden espiritual en mi espacio doméstico, por lo que está descartado todo lo que me distrae. Reciclo todo aquello que ya no necesito. No permito que la culpa o el resentimiento llenen mi ambiente con cosas que no me gusten. Recuerdo que "Dios" es la abreviatura de "dirección" buena y ordenada.

❀*Hoy, pongo mi vida en orden, enfatizo en la serenidad y en la belleza a mi alrededor. Por eso, permito que haya una mayor limpieza para priorizar mis ideas. Creo un ambiente que conozca de mis más altas metas y aspiraciones.*

El hombre . . .. es siempre un individuo, una entidad única, diferente de todos los demás. Difiere en su particular mezcla de carácter, temperamento, talentos y disposición, del mismo modo que se distingue por sus huellas dactilares. Podemos afirmar sus potencialidades humanas sólo considerando su individualidad. La tarea de estar vivo es la misma que la tarea de llegar a ser uno mismo, para desarrollarse en el individuo que uno es potencialmente.

ERICH FROMM

❀❀❀

Nos preocupa no ser originales. Aunque la palabra escondida en "original" es "origen". Cada uno de nosotros somos el origen de nuestra originalidad. Necesitamos no luchar para ser diferentes de lo que somos, pero en lugar de eso, debemos tratar de ser plenamente lo que somos. Con demasiada frecuencia buscamos cambiar nuestra propia naturaleza, pidiéndole que se conforme a algún ideal estereotipado. Qué mejor sería explorar nuestra verdadera naturaleza, ver los ríos, cañones y planicies de nuestro temperamento tan hermosos y variados como una geografía emocional.

❀*Hoy, resuelvo no cambiarme, sino aceptarme a mí mismo, pues no busco reprimir mi naturaleza sino expresarla.*

La expresión más perfecta de la naturaleza humana es un cuarteto de cuerdas.

JEFFREY TATE

❁❁❁

Nuestros días fluyen como la música. Por eso, al permitir que la música fluya en nuestros días, le damos forma a la sinfonía de la vida. La música nos enseña la belleza de la trayectoria de un solo bellamente ejecutado. Asimismo, la música nos enseña la gracia de la armonía. También nos enseña la importancia del tiempo y la necesidad de la pausa. Además, la música es una maestra trascendente a la que podemos dar la bienvenida en las lecciones que provee.

❁*Hoy, abro mi corazón a la música, para tomarme el tiempo de apreciar y saborear las gráciles notas. Además de permitir que la música me enseñe y me temple, para conducirme con aplomo musical. Buscamos apoyo y guía espiritual, encontramos que nuestras acciones se templan con humor y humildad. El corazón irradia amor a aquellos que amamos pues ahora necesitan ser amados.*

A fin de que las personas sean felices en su trabajo, son necesarias estas tres cosas: Deben ser aptas para él; no deben trabajar demasiado; y deben tener la sensación de éxito en él, no una sensación dudosa, que necesite del testimonio de los demás para confirmarlo, sino una sensación segura, o más bien, el conocimiento de que tanto trabajo ha sido bien hecho, y ha sido fructífero, sin importar lo que el mundo diga o piense al respecto.

W. H. AUDEN

❀❀❀

El trabajo bien hecho es la propia recompensa, pues al recibir elogios por nuestra labor es encantador y la satisfacción llega de nuestra propia aprobación. En un mundo laboral apresurado y hostil, algunas veces nosotros sólo notamos nuestros esfuerzos y su efectividad. Un memorándum bien escrito, el proyecto que se concluye a tiempo, el presupuesto que se ejerce con exactitud, el equipo manejado con éxito, cada una de estas cosas pueden ser un punto de satisfacción personal.

❀ *Hoy, soy mi propio jefe, mi propio mentor, mi propio crítico que se dice "Hiciste un buen trabajo".*

Nunca sabemos qué tan alto estamos, hasta que se nos pide levantarnos.

EMILY DICKINSON

❀❀❀

A medida que envejecen, nuestros padres se convierten en personas que debemos proteger y cuidar. Pero si nuestros papeles se intercambian, y nos encontramos en el puesto de padres preocupados, pueden surgir muchas emociones conflictivas que van desde la ternura hasta el enojo y el resentimiento. A pesar de nuestras mejores intenciones es posible que necesitemos luchar para alcanzar una mayor generosidad de la que sentimos en realidad. Por eso una carga que parece demasiado pesada puede ser dividida cada día que pasa. Dentro de nosotros tenemos almacenes de paciencia y pragmatismo, intuición e invención, todo lo cual entra en juego en los momentos difíciles. Nadie es un santo, y aún así, dentro de nuestros corazones llevamos la resistencia de las épocas. Hoy, pido la gracia y el valor para ser fuerte y poder darme a los demás.

❀ *Hoy pido la gracia y el valor para ser fuerte y poder darme a los demás.*

Cualquier cosa que pienses que puedes hacer o que creas que puedes hacer, empiézala.
La acción tiene un poder y una gracia que los hace mágicos.
JOHANN WOLFGANG VON GOETHE

❀❀❀

El nuevo aprendizaje trae nueva sabiduría. Cuando estamos dispuestos a ser principiantes, el mundo está pleno de aventuras. Nuestra vida intelectual es parte de nuestra salud integral. Al emprender un curso o un estudio, ponemos en movimiento cambios profundos que iluminan nuestras vidas.

❀*Hoy, estoy dispuesto a ser principiante, porque estoy deseoso de empezar nuevamente y adoptar la humildad en lugar de la arrogancia, de descubrir en mi ingenuidad a una amorosa compañía.*

Donde está involucrado el hombre
en su integridad no hay trabajo.
El trabajo empieza con la división de éste.
MARSHALL MCLUHAN

❀❀❀

El verdadero trabajo requiere de un verdadrero compromiso. Cuando comprometemos nuestros corazones así como nuestra mente, nuestra vida laboral responde como un amoroso amante. Con demasiada frecuencia traemos a nuestro trabajo una voluntad férrea, que no posee la ternura que alimenta desde dentro. Por esta razón nuestras relaciones de trabajo florecen cuando les ofrecemos devoción así como disciplina. Un memorándum de felicitación en lugar de una crítica, el momento que uno se toma para decir gracias, el agradecimiento breve pero en público a las contribuciones de otras personas, cada una de estas acciones da una luz que estimula el crecimiento.

❀*Hoy, levanto la lámpara de mi aprobación para iluminar el sendero de mis compañeros, por lo que acepto, reconozco y afirmo las contribuciones de los demás.*

La desesperación es perfectamente compatible con una buena cena, te lo prometo.

WILLIAM MAKEPEACE THACKERAY

Cuando estamos avasallados y tristes, nuestra vida es un páramo salobre de la morada humana. En los momentos de una desesperación así, con frecuencia el mejor antídoto es una acción concreta y civilizada para contrarrestar el abismo interno que lastima. Una buena comida servida con gracia, sábanas limpias y frescas, un ramo de flores junto a la cama, una taza de un té bien preparado, estos pequeños toques hogareños civilizan al corazón. Una pieza de hermosa música, el aroma de la cera en muebles finos, una encantadora vela encendida en el alféizar, todas estas pequeñas cosas estimulan nuestros sentidos. Con frecuencia no podemos contestar las grandes preguntas, sin embargo podemos proponer pequeñas soluciones.

Hoy, acaricio mi atormentado corazón a través de acciones amorosas y concretas, para hacerle frente a la angustia con prácticos modales atractivos. De esta manera, permito que mi estética actúe como mi antídoto.

Toda mi vida he creído que sabía algo. Pero llegó un extraño día en que me dí cuenta de que no sabía nada. Sí, no sabía nada.

EZRA POUND

❀❀❀

El trauma puede cimbrar nuestra certidumbre. La fe rota en la confianza de un amigo, la traición de un amante, la pérdida total de un empleo de muchos años, la muerte de una persona joven, todos estos eventos pueden llevarnos a la desesperación. Éste es el terreno rocoso del corazón, el paisaje lunar de los sueños rotos. Cada vida contiene tiempos de ruptura espiritual, las estaciones de sequía y duda. Frente a un mundo extraño a pesar de tener señales conocidas, impongo mi propio compás para cuidarme. Con prudencia y sabiduría, organizo mis horas de sueño, mi alimentación, mi creación y recreación. Y volviéndome hacia mí mismo como lo haría con un amigo en desgracia, amablemente rehabilito mi herido corazón.

❀*Hoy, soy una amorosa enfermera que cuida mi maltrecho espíritu, por lo que aquieto mis dificultades con compasión personal. A así que actúo hacia mí con una amabilidad amorosa concreta. Por esta razón, pongo límites firmes pero amorosos en los gastos de mi energía.*

Para mí la tibieza es un pecado, tan grave en el amor como en la religión.

ABRAHAM COWLEY

❀❀❀

Una disminución en la potencia sexual puede amenazar nuestro equilibrio. Acostumbrados a cierto patrón de desempeño sexual, es posible que nos sintamos amenazados por los cambios en la libido. Sin embargo, un cambio en el desempeño sexual puede anticipar un cambio bueno en la práctica sexual. Cuando la inventiva sustituye a las piruetas, el ardor puede sustituir al rigor. El ego es quien exige ser un atleta en la cama. El corazón busca encontrar, no conquistar, a su amante. De esta manera, cuando renuncio a mi necesidad de ser un virtuoso en el terreno sexual, me abro a una nueva experiencia sensual. Pero al permitir que el arte de la vinculación informe al acto de amor, encuentro incluso niveles más profundos de comunicación y satisfacción.

❀*Hoy, pongo énfasis en el amor al hacer el amor, para expresar mi pasión en técnicas innovadoras y tiernas. Además con esto, permito que mi edad y experiencia den sazón en mi sexualidad.*

*El dinero es una cosa singular.
Está colocado junto al amor en las fuentes
de alegría más grandes del ser humano
y junto a la muerte como las mayores
fuentes de ansiedad.*
JOHN KENETH GALBRAITH

❀❀❀

Un cambio en el estado de cuenta del banco cambia nuestro estado general. La caída repentina, la pérdida financiera abrupta, pueden ponernos a girar. El dinero es energía y un cambio en su flujo crea la necesidad de hacer un ajuste en nuestras actitudes. Por eso es que un gasto inesperado nos deja con una fuerte resaca al levantarnos. Una pérdida financiera, sea catastrófica o crónica, drena nuestra capacidad para sentir el poder personal.

❀ *Hoy, practico la responsabilidad fiscal al enfrentar las realidades del fisco, para buscar la moderación y la modulación de mi flujo fiscal, además de que mi valor es más que monetario.*

Sobre todo los niños están vinculados a los adultos por el simple hecho de que están en el proceso de convertirse precisamente en adultos.

PHILLIP LARKIN

❀❀❀

Los niños marcan nuestra mortalidad. La marca en la vida de nuestros hijos es la de nuestra propia vida. El niño que gatea va a la guardería y de pronto tenemos el día libre. El adolescente se va a la universidad y nuestras redes de pronto quedan vacías. Nuestra hija tiene un bebé, y sentimos la alegría y la ansiedad de su embarazo. A medida que nuestros hijos crecen y se hacen adultos, podemos enfrentar el impulso infantil de querer que sigan siendo niños. Aunque pretendemos guiar a nuestros hijos, sus diversas necesidades nos guían a través de nuestra propia maduración.

❀*Hoy, soy amable tanto con el adulto dentro del niño como con el niño dentro del adulto.*

Bendiciones para el cambio
Tipografía: *PCL Diseño*
Negativos de portada e interiores: *Reprofoto*
Esta edición se imprimió en mayo de 2001,
en *Editores, Impresores Fernández S.A. de C.V.*

DOBLAR Y PEGAR

SU OPINIÓN CUENTA

Nombre..

Dirección..

Calle y núm. exterior..............................**interior**................

Colonia...**Delegación**.....................

C.P...................**Ciudad/Municipio**...

Estado..**País**..........................

Ocupación..**Edad**...................

Lugar de compra...

Temas de interés:

- ☐ *Empresa*
- ☐ *Superación profesional*
- ☐ *Motivación*
- ☐ *Superación personal*
- ☐ *New Age*
- ☐ *Esoterismo*
- ☐ *Salud*
- ☐ *Belleza*
- ☐ *Psicología*
- ☐ *Psicología infantil*
- ☐ *Pareja*
- ☐ *Cocina*
- ☐ *Literatura infantil*
- ☐ *Literaura juvenil*
- ☐ *Cuento*
- ☐ *Novela*
- ☐ *Cuento de autor extranjero*
- ☐ *Novelas de autor extranjero*
- ☐ *Juegos*
- ☐ *Acertijos*
- ☐ *Manualidades*
- ☐ *Humorismo*
- ☐ *Frases célebres*
- ☐ *Otros*

¿Cómo se enteró de la existencia del libro?

- ☐ *Punto de venta*
- ☐ *Recomendación*
- ☐ *Periódico*
- ☐ *Revista*
- ☐ *Radio*
- ☐ *Televisión*

Otros...

Sugerencias______________________________________

RESPUESTAS A PROMOCIONES COMERCIALES
(ADMINISTRACIÓN)
SOLAMENTE SERVICIO NACIONAL

CORRESPONDENCIA
RP09-0323
AUTORIZADO POR SEPOMEX

EL PORTE SERÁ PAGADO POR:

Selector S.A. de C.V.

Administración de correos No. 7
Código Postal 06720, México D.F.